O psicanalista
VAI AO CINEMA

Volume I

Sérgio Telles

O psicanalista
VAI AO CINEMA

Volume I

© 2004, 2012 Casapsi Livraria e Editora Ltda.
É proibida a reprodução total ou parcial desta publicação, para qualquer finalidade, sem autorização por escrito dos editores.

1ª Edição	2004
1ª Reimpressão	2004
2ª Edição	2006
3ª Edição	2012
Diretor Geral	Ingo Bernd Güntert
Publisher	Marcio Coelho
Coordenadora Editorial	Luciana Vaz Cameira
Preparação	Flavia Okumura Bortolon
Capa	Renan Gurgel

Dados Internacionais de Catalogação na Publicação (CIP)
Angélica Ilacqua CRB-8/7057

Telles, Sérgio
 O psicanalista vai ao cinema: artigos e ensaios sobre psicanálise e cinema / Sérgio Telles. –
 3. ed. - São Paulo : Casa do Psicólogo, 2012.

Bibliografia
ISBN 978-85-7396-321-2

1. Psicanálise - Interpretação 2. Psicanálise e cinema
I. Título

12-0303   CDD 150.195

Índices para catálogo sistemático:
1. Interpretação psicanalítica: Cinema: Psicologia
2. Psicanálise e cinema: Psicologia

Impresso no Brasil
Printed in Brazil

As opiniões expressas neste livro, bem como seu conteúdo, são de responsabilidade de seus autores, não necessariamente correspondendo ao ponto de vista da editora.

Reservados todos os direitos de publicação em língua portuguesa à

Casapsi Livraria e Editora Ltda.
Rua Simão Álvares, 1020
Pinheiros • CEP 05417-020
São Paulo/SP – Brasil
Tel. Fax: (11) 3034-3600
www.casadopsicologo.com.br

Sumário

Apresentação..9

Montenegro ou porcos e pérolas – O eclodir da psicose............11

Pink Floyd – The wall..17

Atração fatal..21

Wall street – A reiteração do crime edípico....................25

Sociedade dos poetas mortos..27

Paternidade...31

O que teria acontecido se eles tivessem ido a uma
terapia familiar?..33

Carrington..37

Crash – A anomia vista por Cronenberg................................41

Uma estranha estrada, a de Lynch................................45

Amor além da vida 49

Sobre o filme *Caráter*................................53

Algumas observações sobre o filme *Truman, o show da vida*......63

Algumas ideias sobre a família (Dia das mães, comentários
sobre os filmes *Festa de família* e *happiness*,
terapia de família)................................77

Os idiotas................................85

Algumas observações sobre o filme *De olhos bem fechados*........91

Tudo sobre minha mãe (e nada sobre meu pai)................103

Anotações acerca de *American beauty*................109

Questões ligadas a problemas de gênero sexual e
travestismo em três filmes................113

Magnólia................121

6   O psicanalista vai ao cinema

Gente da Sicília – A procura da maturidade............125

Cronicamente inviável, de Sergio Bianchi (2000)............127

Estórias roubadas – Peça de Donald Margulies............129

A pulsão de morte em *Dançando no escuro*, filme de
Lars Von Trier (2000)............133

Traffic, filme de Steven Soderbergh (2000)............139

Bicho de sete cabeças – Algumas ideias em torno do filme
de Laís Bodanzky (2000)............143

Narcisismo e ética em *Inteligência artificial*, filme de
Stephen Spielberg (2001)............151

Histórias proibidas (*Storytelling*, de Todd Solondz, 2002) –
Um passeio pelo lado escuro............163

Cidade de Deus – A exclusão e o processo civilizatório............169

Seria a condição feminina o tema central de *As horas*?
Ou aqui ninguém tem medo de Virgina Woolf. Pelo contrário...177

Sumário   **7**

Apresentação

Estes 30 artigos de extensão variada foram publicados em diferentes jornais e revistas entre 1981 e 2003. São leituras psicanalíticas de 29 filmes e uma peça de teatro. Esses filmes e a peça se caracterizam por apresentarem roteiros e personagens cujas histórias explicitam situações ou comportamentos enigmáticos e pouco previsíveis, que transcendem a pura lógica consciente. Tais características são indicadores da emergência de fatores inconscientes.

A psicanálise produz um saber que possibilita detectar essa outra dimensão, e sua lógica particular. Integrar esse lado obscuro e pouco perceptível só faz enriquecer a apreciação de uma obra de arte e nos permite admirar a potência criadora dos artistas, que, com suas histórias, nos dão acesso às verdades mais recônditas de nossas almas.

Ao ler *Gradiva*, Freud se admirou como o autor, sem nenhum conhecimento teórico da psicanálise, dotava seus personagens de uma dimensão psíquica inconsciente perfeitamente apreensível em seus pensamentos, afetos e condutas. Aqui não faço nada diferente, ao apontar a aguda percepção dos autores – roteiristas e diretores – que, de forma irretocável, abordam em suas obras os conflitos inconscientes. Nelas vamos encontrar descrições de um amplo leque de importantes questões psicanalíticas, como as relações narcísicas fusionais mãe-filho, a cena primária, a questão edipiana, os problemas da adolescência, os embates maritais, a importância da família na constituição do sujeito (esse um tema recorrente em várias criações), os problemas ligados ao gênero sexual, os emaranhados identificatórios, as estruturas narcísicas, a presença de Eros e de Tânatos.

O exame de tais configurações psíquicas expostas nas obras analisadas levanta considerações sobre a ética e a política na prática da psiquiatria e da psicanálise, com as peculiaridade e dificuldades que atravessam no momento.

Embora alguns dos filmes citados já tenham mais de 20 anos, nenhum deles perdeu a atualidade e pertinência, como sói acontecer com as boas obras de arte. Afinal elas iluminam aspectos imutáveis da vida humana. Caso o leitor não os tenha visto ainda, pode facilmente encontrá-los nas locadoras, o que permitiria cotejar sua própria opinião sobre os mesmos com as aqui expostas.

Montenegro ou porcos e pérolas – O eclodir da psicose

Duas coisas chamam de imediato a atenção no filme *Montenegro* (1981), de Dusan Makavejev: o extraordinário elenco comandado por Susan Anspach e o andamento dado pelo diretor ao roteiro de sua autoria. Tratando como comédia algo que de fato é uma tragédia – o progressivo enlouquecimento da protagonista Marylin Jordan –, Makavejev estabelece um registro ambíguo entre o cômico e o *nonsense* que progride até a insólita explosão final, de grande impacto. O que parecia ser uma leve e inconsequente brincadeira revela-se então com toda sua violência e destrutividade.

Marylin é uma norte-americana residente na Suécia, casada com um ocupado homem de negócios daquele país. Seu marido está sempre viajando a trabalho, o que a deixa triste e solitária em sua condição de estrangeira, desenraizada de sua cultura e distante dos familiares mais próximos. Marylin se sente desiludida, insatisfeita, abrindo mão de antigos sonhos. Esse perfil nos é dado pela melancólica canção cantada por Marianne Faithful, que fala de uma mulher que "aos trinta e sete anos" constata que não andará jamais "num carro esporte pelas ruas de Paris, com a brisa quente acariciando-lhe os cabelos"; ociosa, pois os filhos e afazeres domésticos já não ocupam tanto seu tempo, "pensa em mil amantes até o quarto girar"; saudosa de casa, relembra "velhas canções que aprendeu com o pai quando criança".

A ação decorre na época das grandes festas familiares de final do ano e logo tomamos conhecimento de alguns atos insólitos praticados por Marylin, que prenunciam sua desagregação psicótica. Num desfile de moda, onde são exibidos casacos de pele de marta e de raposa azul, de forma inadequada, ela declara ter um casaco de pele de lince, avaliado pelo apresentador do desfile em 100 mil dólares, muito mais caro do que os que estavam sendo apresentados.

Em seguida, vai com toda a família a um zoológico com o intuito de comprar um filhote de cão e ali encontra pela primeira vez Montenegro, um jovem que ali trabalha. Chegando em casa, às escondidas, tenta envenenar o filhote que acabara de adquirir. Ao ensinar à filha alguns pratos culinários, surpreende-a quando inopinadamente come tudo o que estavam preparando. Naquela mesma noite, deparando-se com o desinteresse sexual do marido que rejeita sua aproximação, toca fogo no lençol de sua cama. Preocupado, ele chama um psiquiatra.

O marido partirá para a remota cidade brasileira de Recife, em mais uma de suas inúmeras viagens de negócios, deixando-a em casa com o sogro "arteriosclerosado", que, aos 84 anos de idade, procura ostensivamente uma mulher, colocando anúncios em jornais, o que suscita vergonha e reprovação em Marylin.

De última hora, numa decisão impulsiva, pois o marido a convidara antes e ela não aceitara, Marylin resolve acompanhá-lo na viagem. Há um incidente na alfândega do aeroporto, onde ela é detida temporariamente, o que a faz se desencontrar do marido. Marylin pensa então que ele partira sem sua pessoa, quando, na verdade, ele voltara para casa à sua procura.

Marylin não volta para sua residência. Junta-se a um grupo de imigrantes iugoslavos residentes em sua cidade sueca, pessoas que acabara de conhecer no já mencionado incidente na alfândega. Tais imigrantes constituem uma comunidade discriminada e exótica para os padrões escandinavos e se congrega em torno do curioso "Zanzi-Bar", estabelecimento que funciona anexo a uma destilaria clandestina. Ali, Marylin reencontra Montenegro. Fica por três dias neste local, sem procurar comunicar-se com o marido ou a família, que aparentemente tampouco se angustiam com seu desaparecimento. Marylin volta para casa com amnésia do que ocorrera durante sua ausência e, no jantar com a família, que tem como convidado seu psiquiatra, serve a todos uma comida envenenada.

Haveria explicações para a psicose de Marylin?

Uma primeira ideia é que o quadro se instala pela irrupção de incontroláveis impulsos sexuais incestuosos que reatualizaram conflitos edipianos mal resolvidos.

Como vimos, estava bem caracterizada a situação de frustração sexual da protagonista, que, frente à frieza do marido, "sonha com mil amantes até o quarto girar". Picada pelo "mosquito" do desejo, não consegue dormir ou ler. Furiosa com sua indiferença, Marylin comenta que o Polo Sul seria o lugar mais apropriado para a próxima viagem do marido e, como os dois não "ardiam" na cama, termina por atear fogo nos lençóis.

Chama atenção em *Montenegro* a presença constante de animais, quer sejam os abatidos, cujas peles são expostas no desfile de modas, ou os vivos como as feras do zoológico ou os animais domésticos, que circulam em grande promiscuidade com o homem na comunidade iugoslava. Como tantas vezes comprovado em sonhos, associações livres, contos e mitos, os animais podem representam a sexualidade, a vida pulsional da protagonista. Sua sexualidade, até então domesticada (o pequeno cão que vai comprar) ou domada e enjaulada (os animais selvagens do zoológico), ameaça sair fora de controle.

Há uma curiosa epígrafe no começo do filme. No jardim zoológico, uma criança pergunta a um macaco: "Por que você está aqui? Não estaria melhor no lugar de onde veio?" Essa questão expressaria a perplexidade diante da sexualidade e da agressividade, vistas como a persistência do animalesco em todos nós, muito embora já submetido às leis simbólicas impostas pelo complexo edipiano. Por que temos esses aspectos "primitivos"? Não deveriam eles se restringir ao mundo animal e deixar-nos, a nós homens, livres de suas embaraçosas exigências?

Montenegro – o empregado do zoo que Marylin reencontra mais tarde na comunidade de imigrantes iugoslavos e com quem tem uma breve e intensa experiência sexual – seria o representante de uma estuante sexualidade, alguém que está intimamente em contato com os animais (pulsões), aquele que sabe como tratá-los e satisfazê-los. Seu próprio nome é sugestivo, pois além da óbvia referência a sua região de origem na Iugoslávia, não deixa de estar ligado também ao "monte negro" do púbis, o monte de Vênus, o *mons veneris* do prazer. Ao contrário de Montenegro, Marylin não

14   O psicanalista vai ao cinema

sabe lidar com os animais, mesmo seu inofensivo cãozinho, o qual tenta envenenar.

Por que Marylin vive sua sexualidade como algo perigoso, que pode levá-la a uma desagregação psicótica?

Penso que a chave dessa questão está no comportamento do sogro – um equivalente da figura paterna – que abertamente expressa uma urgência sexual. O desejo do sogro (que se faz chamar de "Buffallo Bill" – "búfalo", um outro potente animal) contrapõe-se à indiferença sexual do filho, marido de Marylin, fazendo-a reviver uma sexualidade incestuosa e proibida, atualizando o amor pelo pai (fica lembrando "canções aprendidas com o pai"). Dessa maneira, ela regride a uma posição infantil – já não é mais uma mãe ensinando a filha a cozinhar, e sim uma outra criança egoísta e voraz, despreocupada com os demais.

Um elemento que comprova tal hipótese é a atitude do psiquiatra procurado pelo marido, que é ridicularizado em hilariante sequência na qual se evidencia seu apetite argentário. Ao ser informado do caso pelo marido de sua futura paciente, o psiquiatra toma conhecimento de que seu pai, sogro dela, deseja se casar. Isso o faz decidir que "começaria por ele" o tratamento *dela*, estabelecendo desta maneira a ligação entre as duas situações.

O equilíbrio instável que a protagonista conseguia manter até então se desfaz com a viagem do marido. É insuportável ficar sozinha em casa com o sogro-pai, estando ambos – ele e ela – em franca exacerbação sexual. Marylin tenta acompanhar o marido querendo evitar o que pressente ser sua derrocada – a invasão dos antigos impulsos proibidos, agora muito intensificados. Barrada na alfândega, ela é como que impedida do exercício da sexualidade adulta e regride, cedendo então aos desejos sexuais infantis.

Como não pode voltar para casa, onde o estar sozinha com o sogro que demonstra tanto apetite sexual a exporia ao incesto, procura uma solução de compromisso. Junta-se aos imigrantes iugoslavos e lá sim, de maneira deslocada, dá livre expansão a sua sexualidade perversa infantil – presencia e participa da cena primária (observa os "pais" em união sexual), satisfaz impulsos voyerísticos homo e heterossexuais, satisfaz fantasias de se prostituir e tem, finalmente, sua ansiada aventura com Montenegro.

O que tanto temia, a eclosão de uma sexualidade incestuosa e perversa com o sogro erotizado – motivo de seu não regresso a casa após o desencontro no aeroporto, termina por acontecer numa escala ainda muito mais intensa ao acompanhar os imigrantes iugoslavos. A experiência sexual ali praticada continua tendo para ela o selo da ilegalidade, do proibido (representados pelo bar e a destilaria ilegais). Tudo ali tem uma conotação criminosa, já que é vivido regressivamente, edipicamente, culposamente.

Assim sendo, sua atitude violenta e destrutiva com Montenegro e, ao voltar, com a própria família, parecem já ser a expressão de extrema culpa e necessidade de punição, causadas pela convicção de que nada poderia acabar bem após cometer tantos crimes.

A meu ver, o filme ilustra bem a importância da avaliação da dinâmica familiar para a compreensão mais clara das desordens mentais.

Pink Floyd – The wall

O filme *Pink Floyd – The Wall* (1982), de Alan Parker (diretor de *Bugsy Malone*, *O expresso da meia-noite*, *Fama*, *A chama que não se apaga*), unanimemente elogiado por seu aspecto plástico e pela originalidade com a qual desenvolve uma narrativa não linear, sem diálogos, apoiada apenas nas músicas de Roger Waters, compositor e líder do conjunto Pink Floyd, que é também autor do roteiro do filme.

A leitura psicanalítica do mesmo poderá trazer uma compreensão maior sobre o comportamento do personagem principal, articulando-o com as sugestivas imagens visuais e as letras de música ali apresentadas. Ela torna possível o entendimento de que há um método naquela loucura, como diria Polônio a respeito de Hamlet.

Num desarrumado quarto de hotel, olhando velhos filmes de guerra na TV, o suicida Pink rememora sua vida. Inabordável, distante, mantém travada a porta, impedindo a entrada da faxineira que faria a limpeza do caótico aposento. Com isso parece indicar sua posição diante da possibilidade de ajuda externa, representada pela figura da faxineira – a recusa completa.

A morte do pai durante a Segunda Guerra Mundial teve consequências marcantes em sua vida, ocupando um lugar decisivo em suas memórias. Pink não consegue recuperar-se desta perda. Procura pateticamente o pai – durante a infância, nos parques de diversão e entre os soldados que voltavam da guerra, nos objetos pessoais do pai; posteriormente, na fixação pelos filmes de guerra na TV, nos pesadelos em que anda pelos campos de batalha em meio a corpos putrefatos.

Pink não supera a perda e vive em meio a mórbidas lembranças, incapaz de usufruir de seu sucesso, preso de acessos depressivos e psicóticos – em posição fetal, distante de todos, boiando em piscinas-úteros. Por quê?

Sabemos que, após a morte do pai, a mãe não casou novamente. Não aparecem novos interesses amorosos em sua vida, o que a faz voltar-se inteiramente para ele, Pink. Mãe e filho estabelecem uma ligação intensa, incestuosa e, como tal, culpabilizante, castradora, impeditiva de qualquer autonomia de ambas as partes.

Pink sente-se muito ambivalente quanto a esta ligação e tal sentimento se refletirá na forma como se relaciona internamente com a figura do pai. Por um lado, o vínculo com a mãe satisfaz desejos primitivos de exclusividade, ao possibilitar uma reatualização da relação narcísica especular, onde os dois estão fundidos, sem separação. Onipotentemente Pink acredita preencher os desejos da mãe, que – por sua vez – se sente satisfeita com o filho. Nesta relação, a presença do pai não é desejada na medida em que, colocando-se (o pai) como objeto de desejo da mãe, tiraria o filho deste papel. Sob esse aspecto, Pink sente-se culpado pela morte do pai, já que a desejava para preservar um lugar exclusivo frente à mãe.

Por outro lado, sua ligação com a mãe impossibilita todas as outras. Isso o deixa cheio de ódio em relação à mãe e a todas as mulheres, suas substitutas. Todas elas são terríveis, poderosas, castradoras, e a própria atividade sexual é vivida como algo aterrorizante. A vagina é flor maligna que se transforma em ave de rapina, predatória, em boca armada de dentes, pronta para destroçar o pênis. Pink sente-se impotente sexualmente (com a mulher, que o trai; com a *groupie* deslumbrada), confuso e sem identidade (faz depilações mutilantes, substitutas da castração). Sob este aspecto, Pink sente a morte do pai como um abandono, como algo que o deixou à mercê daquela mulher poderosa. Acusa-o de não tê-lo protegido, de não lhe ter dado um modelo a ser seguido e por isso o procura incessantemente. A frustração de não encontrá-lo o devolve ao ódio. Vemos isso nas lembranças da escola. O professor (substituto paterno) sádico, poderoso, não passa de joguete de sua dominadora mulher, a quem se submete de maneira servil. Ou seja, ao mesmo tempo que odeia o pai por tê-lo abandonado às garras da mãe, odiaria ter de se submeter a ele e perder a exclusividade frente a ela.

A cena da escola é também esclarecedora neste sentido. A escola como algo massacrante e triturador (em que pese a crítica em outros níveis) no entrecho sugere muito mais o ódio em perder a onipotência, o ter de se "enquadrar" – perder a relação narcísica com a mãe, a fantasia de ser o falo da mãe, do que não quer abrir mão. Daí a revolta, o ódio à escola e ao professor, que são destruídos pelo fogo. "We don't need no education" – gritam as crianças. Não queremos educação, não queremos abandonar o princípio do prazer, não queremos saber do princípio da realidade, não queremos abdicar da onipotência, já sabemos tudo, não

Pink Floyd – The wall   19

queremos ver nossa ignorância, nossa impotência, nossa dependência dos adultos.

Fechado numa relação dual com a mãe, subjugado pela forte ambivalência em relação ao pai morto, Pink não tem muitas perspectivas. Pergunta-se por que se sente tão culpado. Dentro desta linha, sente-se culpado seguramente pelo ódio em relação aos pais. Restam poucas saídas para seu conflito, como vemos no final do filme. Por culpa, identifica-se com o pai morto através do suicídio, do deixar-se morrer e apodrecer (não abrir a porta trancada de seu quarto no hotel, onde é encontrado, no final, por sua equipe), ou assume o ódio homicida em relação ao pai, identificando-se com aqueles que o mataram na Segunda Guerra Mundial – os nazistas. Só assim fica clara a apoteótica cena final, onde Pink se vê como líder nazista, perseguindo negros, homossexuais e judeus.

O ódio ao pai se dá, assim, por via dupla: por ameaçá-lo de perder a ligação narcísica com a mãe e – pelo contrário – por não retirá-lo dali, ao abandoná-lo numa relação que o impossibilita viver.

Chegamos aí ao que – como já mencionei – é o mais importante, o ódio à mãe. O muro, referência sempre presente no filme, muro da alienação que o separa de tudo e todos, vemos, no final, que nasce de um abraço de sua mãe, envolvendo-o e o aprisionando. Pink odeia a mãe por tê-lo seduzido, prendendo-o ao satisfazer seus desejos mais regressivos, impedindo com isso seu acesso ao "lá fora", ao crescimento, ao pleno exercício da liberdade e da criação. "Lá fora" que um lado seu desejaria atingir, mas que, dilacerado pela ambivalência, pelo ódio, abdica de fazê-lo com o suicídio.

Assim, a morte que o ronda está ligada não apenas à perda do pai, na guerra, mas à perda do espaço para se desenvolver como sujeito. O abraço materno o asfixia e o separa da vida, é o muro que o aprisiona e que termina por matá-lo.

Atração fatal

O sucesso de *Atração Fatal* (*Fatal Attraction*, 1897), de Adrian Lyne, recebeu algumas tentativas de explicação na grande imprensa. Foi entendido como uma grande metáfora da AIDS, da qual a personagem Alex Forrest (Glenn Close) seria um representante simbólico, a induzir subliminarmente o medo das relações sexuais promíscuas ou extraconjugais. Uns viram o filme como uma ode burguesa ao casamento, outros como um libelo feminista.

Em minha opinião, essas explicações passam ao largo do que é efetivamente central ali – a evidência do estabelecimento e desenvolvimento de uma relação narcísica primária, com todo seu destrutivo desenrolar que culmina na eclosão de uma franca psicose.

Como se sabe, o enredo trata de uma rápida aventura entre o casado Dan Gallagher (Michael Douglas) e a solteira Alex Forrest

(Glenn Close). Os dois se encontram casualmente e resolvem passar juntos um final de semana em que Dan está sozinho, sem a esposa. A partir daí, Alex esquece as condições previamente estabelecidas de que aquele encontro seria algo pontual, sem continuidade, e se aferra a Dan, recusando-se a aceitar as evidências de não ser correspondida em suas pretensões amorosas. E, negando a realidade, vai até as últimas consequências em seu objetivo de posse da pessoa por ela amada.

É esse tipo de ligação vivida por Alex Forrest que caracteriza a *relação narcísica primária*. É o tipo de ligação que se estabelece entre a mãe e o bebê nos primeiros tempos de vida, quando a criança depende totalmente da mãe para sobreviver. Trata-se de uma relação profunda, a ponto de quase não ser uma *relação* e sim uma *fusão* entre os dois, mãe e bebê. É um vinculo de *Atração Fatal*, onde a mãe está totalmente atraída pela criança e esta pela mãe. Este vínculo necessita ser superado com a ajuda da própria mãe, que deverá entender que a criança não é um mero prolongamento de seu corpo nem de seu psiquismo e aceitá-la como um ser independente, a ser respeitado como tal e – a partir daí, desta postura da mãe – a criança deverá também aceitar a separação da mãe, discriminar-se dela e se abrir para novas ligações.

Para que tudo isso se processe, é muito importante a existência de uma terceira força, a chamada *função paterna* – que, na maioria das vezes, é representada pelo pai. Ele possibilita a separação entre o sujeito (o bebê) e o outro (a mãe), ao romper a relação especular e narcísica que os mantinha fundidos até então. A essa operação chamamos de *castração simbólica*. Quando isto não ocorre, está aberta a porta para a psicose. As eventuais vivências de separação a serem experimentadas posteriormente pelo sujeito se darão num clima de violência e agressão exacerbadas, por serem sentidas como um perigo absoluto que põe em jogo a integridade do eu e do próprio corpo.

Esses são processos psíquicos distantes da consciência. São inconscientes, estão reprimidos ou dissociados, mas podem eventualmente ser atualizados em determinadas situações. É isso que a história de Dan e Alex ilustra muito bem.

Podemos supor que Alex tem uma estrutura psicótica, isto é, nela tal configuração especular narcísica não estaria bem resolvida e seu encontro com Dan desencadeia arcaicas e esquecidas lembranças, faz ressuscitar e reaparecer aquele velho tipo de relação.

Alex passa a agir não mais respeitando os referenciais conscientes habituais que regiam sua vida adulta e é arrebatada por uma outra lógica – a da posse do ser amado. Ela não mais o vê como um ser discriminado e autônomo, dono de desejos próprios que podem não coincidir com os dela. Também não mais se vê autônoma em relação a ele, não se concebe afastada dele, sem tê-lo.

Passa a agir como vítima enganada e abandonada, esquecendo que teve participação nos acontecimentos ao ativamente seduzir Dan. A clara rejeição de Dan não é levada em conta, não interessa. Alex acha que sua vontade deve prevalecer. Está fundida com o outro. Diz ter uma parte de Dan dentro dela, referindo-se à gravidez. Agora que reencontrou seu objeto de amor (ela diz: "parece que nos conhecemos há tanto tempo"), não mais tolerará separar-se dele (após duas noites apenas, já tenta o suicídio ao ter que separar-se de Dan, até então um perfeito desconhecido).

Tal separação será vivida como uma mutilação, um despedaçamento, um esfacelamento violento. A perda do espelho é a própria morte, a desintegração do eu. É significativo que Alex more vizinha a um açougue, onde são vistas carcaças de bois sendo descarregadas – corpos mortos, mutilados, decepados, destruídos, imagens dessa desintegração do eu, do próprio corpo.

Atração fatal **23**

É a percepção de tais incursões inquietantes, o inesperado encontro com a loucura, com o sinistro, com o *Unheimlich* de Freud, esta estranha invasão que destrói a vida de Alex e ameaça a de Dan, o que fascina e horroriza a plateia.

Se prestarmos atenção às notícias de jornal, vamos ver como essa situação não é absolutamente rara. Ela está na raiz de muitos crimes passionais ocorridos na vigência do rompimento de uma relação amorosa ou imediatamente após.

Wall street – A reiteração do crime edípico

À primeira vista, o final de *Wall Street* (1987), filme de Oliver Stone que deu o Oscar de melhor ator para Michael Douglas, decepciona. A tensão homogênea e crescente mantida até então desaba e tudo parece ir por água abaixo: a produção de excelente design, a trilha sonora perfeita, o enredo que mostra sem disfarces o amoralismo próprio dos grandes negócios públicos e privados, uma história bem articulada, sem adiposidades desnecessárias.

Tudo isso é substituído por um moralismo rasteiro, onde o jovem herói (Charlie Sheen) volta a trilhar o caminho do "bem", submetendo-se à lei, dispondo-se a pagar seus crimes contra a sociedade.

Mas olhando novamente, pode-se ter uma impressão diferente. A quebra que, de fato, há na trama e que lhe dá o devido tom dramático, deve-se aos conflitos do jovem com seu pai, que o impedem de exercer até o fim o aprendizado nos altos negócios com o megainvestidor Gekko (Michael Douglas) que o toma como discípulo em suas incursões pelo mercado financeiro. Sua vontade de poder é impedida e inibida por culpa em relação ao pai, simples empregado subalterno de uma empresa pouco importante que eventualmente sofreria as consequências das manipulações financeiras do megainvestidor. Ao se ver numa posição superior à do pai, realizando assim seus inconscientes desejos edípicos de suplantá-lo, não suporta a culpa e desiste de continuar sua escalada.

De nada adianta a argumentação de seu mentor, que prova não ser racional sua indignação, já que o desfecho ocorrido seria inevitável. O jovem sente-se traído e enganado por ele e parte para a vingança, tentando agora destruí-lo, usando das armas que tinha aprendido com ele.

O curioso é que, com isso, volta a perpetrar o crime edípico, desde que o Gekko, o megainvestidor, é claramente um substituto paterno, alguém que o ensina e dirige seus passos e o adota como aprendiz, como a um filho. É um segundo pai que lhe deu tudo aquilo que sua ambição desejava e que o pai verdadeiro não pôde suprir.

Vemos, assim, a compulsão à repetição em ação, a reiteração do desejo, a repetição do crime contra o pai, a tentativa de destruí-lo totalmente.

Deste prisma, não deixa de ser ambíguo o final do filme – à primeira vista o jovem se submete à lei, quando na verdade está perpetrando pela segunda vez o mesmo crime e, desta vez, impunemente, desde que disfarçado sob a aura de uma justa causa.

Sociedade dos poetas mortos

Freud dizia haver três profissões impossíveis: governar, educar e psicanalisar. "Impossíveis" pela quantidade enorme de variáveis e imponderáveis com os quais têm de lidar, o que faz com que sejam tarefas nunca realizadas totalmente a contento, produzindo sempre resultados insatisfatórios.

O excelente filme de Peter Weir – *Sociedade dos Poetas Mortos* (*Dead Poets Society*, 1989) – aborda uma dessas profissões 'impossíveis'. A tarefa de educar – no caso do filme, adolescentes – deveria ser das mais importantes na sociedade, desde que seu maior patrimônio reside no futuro das novas gerações.

Educar, como é sabido, não é meramente instruir. É preparar o jovem, na medida do 'impossível', para a vida, fazendo-o frutificar seus talentos e transmitindo-lhe a experiência acumulada pelas gerações anteriores. É manter uma delicada balança, um fino equilíbrio entre o debelar no jovem o narcisismo infantil que o induz a julgamentos onipotentes e a imaginar poder realizar magicamente seus desejos sem levar em conta a realidade, e – ao mesmo tempo – o fazer com que não abdique desses desejos, não perca a ousadia e a criatividade para inventar o novo, dando-lhe forças para lutar por eles. Ou seja, é necessário mostrar os limites, as impossibilidades, as coerções que a realidade impõe, sem com isso castrá-los irremediavelmente.

Dever-se-ia evitar dois extremos – o estimular maníaca e exageradamente a expressão individual ignorando limites, assim como a excessiva repressão, o enquadramento compulsório, o forçar a entrada no rebanho. No filme de Weir, o Prof. Keating e a escola representam – com ambiguidades suficientes para evitar simplificações estultificantes – esses dois polos da educação.

O professor tenta mostrar aos jovens suas próprias potencialidades e a imensa riqueza da vida, tendo como mote condutor o filosófico *carpe diem* (viva o dia), que os autoriza a lutar por seus desejos, a não se deixar constranger por imposições autoritárias descabidas. No afã de propagar suas ideias e fazer brotar rebentos originais daquelas mentes, parece ele subestimar os entraves e as dificuldades que a realidade sempre há de opor à satisfação dos desejos, não enfatizando o bastante que não se pode realizá-los sem que se pague um determinado preço.

Se não suficientemente estabelecido pelo Prof. Keating, isso logo se evidencia com toda a força através da escola como instituição e por um dos pais, desencadeando consequências dramáticas que a todos abalam.

No final, professor e alunos (alguns) aparecem irmanados numa nova atitude – mais adulta e responsável. Não mais ingênuos e inconsequentes, estão dispostos a pagar o preço por sua liberdade e ousadia. A lição do professor não foi em vão. Essa conclusão é representada magnificamente no filme, numa cena comovente, de forte impacto. Weir não podia ter sido mais feliz em sua realização.

Uma outra coisa louvável no filme é que a poesia não é ali mostrada de modo alambicado e "sensível", mas como depositária da sabedoria da vida, que enriquece e fortalece aqueles que dela tomam conhecimento.

Também em psicanálise há um certo aprendizado por parte do analisando: o da verdade de seu desejo. Ali ele tem oportunidade de reconhecê-lo, desentranhá-lo quer seja da alienação no desejo do outro, quer seja do envoltório imaginário onipotente, tornando-o disponível para ser concretizado na realidade, dentro do possível.

Paternidade

Recentemente lemos nos jornais que um chefão da máfia napolitana mandou esfaquear um garoto de 13 anos que tinha oferecido uma tragada de cigarro a seu filho de 10. O mafioso preocupa-se com a saúde do filho e não quer que ele se torne um fumante.

Podemos supor que é por amar o filho e preocupar-se com seu futuro que tal pai toma a atitude mencionada. Parece claro, porém, que este pai está totalmente cego para os efeitos deste seu ato sobre o filho. Não pode perceber que sua atitude é infinitamente mais danosa para o filho que uma mera tragada de cigarro. Não pode imaginar que ter ele um pai mafioso, um delinquente com problemas judiciais lhe é incomparavelmente mais maléfico – pelo menos do ponto de vista psíquico – do que vir a ser um fumante inveterado.

Por mais que ame o filho, por mais que queira preservá-lo dos males e criá-lo de modo saudável, não pode evitar traumatizá-lo da maneira mais radical pelo simples fato de ser o que é – um *capo* mafioso.

Está o pai – como todos nós – estruturalmente impossibilitado de enxergar os conflitos e desejos inconscientes que plasmam sua forma de ser e atuar na realidade.

A notícia publicada no jornal é ilustrativa pelo caráter grotesco e caricatural, pelo exagero levado quase ao absurdo com o qual se apresenta, mostrando claramente o impasse inevitável existente nas relações entre pais e filhos.

Nem todos os pais são chefes mafiosos, mas o que aparece ali é próprio de todas as relações entre pais e filhos. O que é mais marcante para os filhos, definindo sua estruturação psíquica, não é primordialmente o desejo consciente e racional dos pais, e sim seus desejos inconscientes, aos quais, como se sabe, não se tem acesso diretamente.

Outra boa ilustração desses impasses, embora numa outra linha mais abrangente, é o filme *Parenthood* (1989), de Ron Howard. Mantendo a tradição do ridículo nas traduções de títulos no Brasil, aqui foi chamado de *O tiro que não saiu pela culatra...*

O inteligente roteiro mostra inúmeras situações nas quais os personagens são colocados na posição ora de pais, ora de filhos, aprofundando inesperadamente o tratamento do que seria uma comédia, com resultados muito satisfatórios, pois aborda com tato e delicadeza os sofrimentos e alegrias próprias destas condições, facilmente reconhecidas pelos espectadores.

O que teria acontecido se eles tivessem ido a uma terapia familiar?

Alguns comentários sobre o filme
Uma babá quase perfeita

Tem feito merecido sucesso de público a comédia *Uma Babá Quase Perfeita* (Mrs. Doubtfire, 1993), de Chris Columbus, com o sempre excelente Robin Williams.

A história trata de uma família na qual o casal se separa e a mãe impede legalmente o contato do pai com os filhos. A forma como este consegue driblar o impedimento é travestir-se, encarnando uma babá "inglesa" que é contratada pela ex-mulher, o que garante à plateia boas gargalhadas.

Num determinado momento, antes de se concretizar o divórcio, Daniel (Robin Williams) sugere que façam uma terapia para tentar salvar o casamento. Podemos fazer um exercício, imaginando o que teria acontecido se eles tivessem ido a uma terapia familiar. Isso não é muito difícil, pois a configuração familiar exposta no filme não é, em absoluto, rara de encontrar na clínica.

O analista veria um casal no qual o marido, Daniel, não consegue exercer a função paterna, pois não representa a lei, a interdição. Pelo contrário, está totalmente identificado com os filhos, sendo deles cúmplice em desafiar a única autoridade dentro de casa, aquela exercida pela mulher. Em outras palavras, ele não se comporta como o marido da mulher e sim como mais um filho dela.

Essa impossibilidade de ocupar o lugar do pai, de exercer a função paterna, indica que Daniel teve falhas significativas em seu processo de constituição enquanto sujeito, faltando-lhe uma imagem paterna forte, com a qual precisaria identificar-se. Podemos imaginar que sua infância teria sido regida por uma mãe dominadora e um pai ausente ou morto. Possíveis indícios disso seria a presença de seu irmão homossexual, em contatos telefônicos com a mãe. Significativamente, Daniel recusa-se a falar com a mãe, deixando com isso entrever um relacionamento conflituoso entre os dois. O homossexualismo do irmão poderia apontar para as dificuldades em estabelecer identificações de gênero na família original de Daniel.

Fixado a um relacionamento primitivo com a mãe, Daniel o reatualiza em seu casamento, colocando a mulher neste papel de mulher forte e dominadora, recusando-se a compartilhar com ela as tarefas adultas concernentes à educação dos filhos.

A mulher se vê assim empurrada para o papel de mãe e pai ao mesmo tempo, papel que ela aceita e assume provavelmente por atender a próprios e antigos desejos relacionados com sua infância.

A mãe vista sob esta perspectiva é chamada na teoria analítica de "mãe fálica", imagem característica de um momento da evolução do psiquismo em que a criança não reconhece a diferença anatômica entre os sexos e atribui um falo à mãe, com quem mantém uma relação de exclusividade, de quem se considera parte e a quem atribui todo o poder, ignorando a existência de um terceiro, o pai.

O instável equilíbrio neurótico que o casal mantinha é quebrado quando a mulher procura ter um relacionamento mais maduro com um homem, desejando ser tratada por ele como mulher e companheira, e não como mãe ou pai. Essa atitude desencadeia uma série de reações no marido.

Daniel, inconformado em perder o objeto amoroso arcaico, a mulher em quem via sua mãe fálica, regride e identifica-se diretamente com ela, transformando-se – ele mesmo – em uma supermãe fálica, travestindo-se de "Mrs. Doubtfire". Desta forma, exerce domínio sobre todos de casa, até mesmo sobre sua mulher.

Tal artifício – a identificação com a mãe fálica – não pode durar muito e é desmascarado. Finalmente Daniel tem de reconhecer que perdeu a mulher e aceitar o rompimento definitivo. Isso o ajuda a assumir uma atitude mais madura e masculina, usando agora sua identificação com a mãe fálica de maneira sublimada e produtiva, ao criar com ela um personagem de televisão, onde passa a trabalhar.

Podemos então pensar que, caso tivessem ido a uma terapia de casal, talvez Daniel e sua mulher pudessem ter entendido melhor os conflitos inconscientes infantis que se atualizaram em seu casamento e, na medida em que tais conflitos se tornassem conscientes, teriam tido oportunidade de lidar com eles de forma mais construtiva.

Uma babá quase perfeita   35

Carrington

O filme *Carrington* (1995) de Christopher Hampton é mais um motivo para, usando uma velha expressão, se dar uma barretada rumo aos invejáveis talentos de Emma Thompson, esta excelente atriz.

Formada em Literatura Inglesa pela prestigiadíssima Cambridge, antes de ingressar no cinema Emma passou – como era de se esperar – pelo teatro e pela TV ingleses. Nesta última, escrevia e interpretava um programa, chamado *Thompson*, cujo humor desbocado e irreverente assustou críticos e telespectadores, fazendo com que tivesse vida mais curta que a planejada. Seus dotes literários se evidenciaram no premiado roteiro do livro de Jane Austen.

Carrington retrata aspectos da vida de Dora Carrington e seu infeliz amor por Lytton Strachey, ambos ligados ao famoso grupo Bloomsbury. O nome do grupo advém do bairro para onde se mudaram os Stephens, após a morte do patriarca. Ali se reuniam inicialmente os amigos de Thoby Stephen, todos alunos de Cambridge, juntamente com as irmãs Stephen, Virginia e Vanessa, que seriam, depois de seus casamentos, conhecidas como a escritora Virginia Woolf e a pintora Vanessa Bell.

Desde sua criação, em 1904, o grupo atraiu a atenção da Inglaterra eduardiana, em função da qualidade intelectual e artística de seus membros e das revolucionárias ideias que defendiam, tais como a anarquia sexual, a liberdade total, a quebra de todos os valores vitorianos, a revolução estética e política. Leonard Woolf, Clive Bell, Maynard Keynes, Roger Fry, Adrian Stephens, Saxon Sydney-Turner e Duncan Grant eram outros dos participantes.

Lytton Strachey era um bom representante do espírito de Bloomsbury. Nos primeiros tempos, era tido por todos como o mais promissor do grupo. Dele todos esperavam grandes obras literárias e suscitava a inveja e admiração da exigente Virginia, com quem se via sempre competindo. Apesar de seu nunca negado homossexualismo, chegou a propor casamento a Virginia, que aceitou a proposta, ficando ela muito infeliz quando ele a retirou. Lytton era irmão de James Strachey, responsável pela famosa "Standard Edition", a edição comentada das obras completas de Sigmund Freud.

Já Dora Carrington faria parte daquilo que Virginia Woolf chamava desdenhosamente de *Underworld* (submundo, mundo subterrâneo, os 'inferiores'), ou seja, a multidão de jovens artistas admiradores do Bloomsbury – já então famoso e bajulado – e que pretendiam, sem muita chance, dele fazer parte. O mesmo poderia ser dito de Ralph Partridge, seu marido, que trabalhou durante algum tempo na Hogarth Press, a editora dos Woolf, na qual mantinha tumultuado relacionamento com Leonard Woolf.

38   O psicanalista vai ao cinema

Apesar disso, o triângulo Carrington-Partridge-Lytton representaria, de alguma forma, o *mores* de Bloomsbury, que dava rédea solta às complexas configurações que a sexualidade humana pode comportar. Em *Carrington*, a ambiguidade sexual, a indefinição, a bissexualidade dão o tom. Carrington, ao se fazer chamar assim, ao se vestir de calças compridas, ao ter o cabelo cortado muito curto, estava mostrando sua não identificação com o papel feminino convencional, assumindo uma clara postura masculina. Recusando o amor de Mark Gertler, o pintor que a amava, mostra sua impossibilidade em ocupar o lugar de mulher. Sua personalidade a leva para um fim trágico. Seu amor pelo homossexual Lytton, no qual estava de antemão afastada qualquer realização sexual, mostrava sua dificuldade em estabelecer satisfatórias relações heterossexuais. Delas só pode ter um arremedo, obtendo-o de forma vicária, indireta, ao se identificar com seu objeto amoroso (Lytton) e fazer escolhas eróticas que seriam as *dele*. Carrington observava os homens pelos quais Lytton demonstrava interesse sexual e com os quais não poderia se envolver por serem eles heterossexuais e os seduzia. Tentava dessa forma agradá-lo, aproximar-se mais dele. Estava, pois, inteiramente confundida com Lytton, tinha apagado os limites entre sua pessoa e a dele.

Seu amor, de definido e definitivo embasamento narcísico, onde não há uma clara delimitação entre o eu e o outro, faz com que Carrington *seja* Lytton e Lytton *seja* Carrington, não poderia ter outro desfecho senão a morte.

Ao falecer em 1932, Lytton foi duplamente chorado pelos amigos, pois levava consigo a expectativa de uma obra literária que – ao contrário da antiga rival Virginia – não conseguiu fazer desabrochar plenamente.

Crash – A anomia vista por Cronenberg

Crash (1997), de David Cronenberg, não é um filme realista. É uma alegoria sobre a anomia que ronda a experiência humana no final do século, fruto da perda de identidade e das referências normativas. Frente ao vazio daí decorrente, só resta a procura hedonística e niilista que leva ao gozo e à morte simultaneamente.

Se o filme segue as sombrias peripécias do casal Ballard, o personagem central é Vaughn, pivô em torno do qual tudo gira. Ele é o criador de uma nova experiência, um novo prazer letal. Ele reproduz as cenas dos desastres automobilísticos onde faleceram celebridades como James Dean, Jayne Mansfield, Grace Kelly e tantas outras. Os interessados participam desta encenação, pondo suas vidas em risco, expondo-se a graves traumatismos corpóreos.

A partir deste entrecho, *Crash* dá continuidade à conhecida preocupação de Cronenberg com o tema da identidade, já evidenciada anteriormente em vários de seus filmes, como *A Mosca*, *Gêmeos* e *Naked Lunch*, este a famosa bíblia *junkie* do escritor William Burrough.

O problema da identidade em *Crash* começa com a relação entre o ser humano e o automóvel. O que está em jogo é a própria imagem corporal do homem, parte essencial de sua identidade, que aqui perde seus contornos e limites, fundindo-se com o carro. Não há perda de continuidade entre eles, um flui para dentro do outro.

Em *Crash*, muitas vezes vemos os personagens acariciando amorosamente o automóvel como se fosse extensão do próprio corpo ou do amante. Somos advertidos para esta posição desde o início, pois o filme abre com uma imagem de Deborah Kara Unger dando o seio – uma imagem "humana" por excelência – para a luzidia superfície de um carro.

É já clássico o tema da relação hostil entre homem e máquina, inaugurado no cinema por Chaplin em *Tempos Modernos*, na famosa imagem do operário preso às suas engrenagens. Mas em *Crash*, é outra a relação. Aqui a máquina não se choca propriamente com o homem, não o considera um corpo estranho, não o tritura ou mói, não o subjuga. Pelo contrário, máquina (automóvel) e homem se apresentam numa intimidade amorosa. Há uma fusão, uma confusão, uma perda de limites entre eles. Por isso mesmo, os corpos são mostrados como máquinas. São consertados, aparelhados, cheios de marcas e cicatrizes, próteses, bengalas, instrumentos ortopédicos. Exatamente como os carros que são consertados e remendados após as colisões.

A máquina não é mais o assustador e cruel motor da produção econômica que aniquilava a humanidade em seu trabalho

42   O psicanalista vai ao cinema

artesanal. A máquina em *Crash* é o automóvel, uma máquina humanizada e especial, representante simbólico do poder, do sexo, da liberdade. Uma máquina que, longe de assustar, é objeto de desejo e posse.

Se *Tempos Modernos* e *Crash* mostram como teria mudado a antinomia homem-máquina, não deixa de ser irônico que, por vias tão diversas, ambos os filmes apontem para o mesmo resultado – a desumanização, a despersonalização, a perda da identidade do homem.

Além de evidenciar a intimidade física homem-máquina, *Crash* mostra como seus personagens padecem de identidades frágeis, pouco organizadas e consistentes, o que se evidencia em suas sexualidades cambiantes e indefinidas, vivendo numa ciranda fluida e diluída de sentimentos fugidios e inconsequentes. Exemplo maior está na transformação de Ballard, que se molda inteiramente à mente de Vaughn.

Em *Crash*, Cronenberg leva às últimas consequências a crise de identidade de seus personagens ao mostrar como ela está presente até mesmo na morte. Nem mesmo neste momento a identidade se constitui, pois a morte individual é planejada, encenada e executada *como a morte anterior de uma outra pessoa*.

Que esta outra pessoa seja uma celebridade – James Dean, Jayne Mansfield, Grace Kelly – possibilita algumas reflexões sobre o poder da mídia. Cronenberg sugere que a massa atingida pela mídia tende a uma identificação com as celebridades, modelos imitados e seguidos numa alienação de sua própria realidade imediata vivida por ela. Tal identificação a faria viver num imaginário fusional com aquelas figuras míticas, simultaneamente alimentando e obturando o esvaziamento interior, o sentimento de não viver, de ser oca e vazia.

É isso que Cronberg sustenta ao mostrar as encenações de acidentes famosos. É como se seus personagens dissessem: "não existo, pois não apareço na mídia, só me resta fantasiar ser um destes privilegiados que habitam o Olimpo; não posso morrer porque nunca cheguei a existir; para morrer, tenho de me travestir, me colocar na pele de alguém que viveu verdadeiramente, alguém como James Dean; quem sabe a proximidade com a morte me faça sentir que sou alguém, que tenho uma identidade própria".

Assim, a procura da morte, *leitmotiv* de todo o filme, seria paradoxalmente a forma de sair da anomia, da falta de identidade, a única forma de viver, de se sentir vivo e, ao mesmo tempo, um abdicar definitivo de tudo isso.

Em *Crash* há uma abundância de cenas sexuais, mas Cronenberg as mostra de forma dissociada. São desvitalizadas e mecânicas, desumanizadas. Predomina o clima soturno e depressivo, desesperado, a procura de um fugidio orgasmo, momento de prazer e completude cujo acesso parece vedado a todos.

Crash é um filme moderno e atual, na medida em que leva a extremos o desamparo existencial deste final de século, abandonadas que estão quaisquer ilusões religiosas ou seus equivalentes leigos, nomeadamente as ilusões das utopias sociais.

Crash mostra como os elementos perversos próprios da sexualidade polimorfa bissexual infantil, apoiados numa imperfeita fusão entre Eros e Tânatos, estão na base dos distúrbios da identidade.

Uma estranha estrada, a de Lynch

A estrada: o caminho, a partida, a despedida, a liberdade, a não acomodação, a transcendência, a aventura, o fora de casa, o estrangeiro, o estranho, o outro lugar, o desconhecido. É uma metáfora usada com frequência no cinema, com variada abordagem que vai desde a lírica felliniana ("A Estrada da Vida") até a áspera saga dos incontáveis *road movies* americanos.

Uma estrada tem uma direção, vai de um ponto a outro, liga dois lugares. A rigor, a estrada não tem fim. Continua indefinidamente, abrindo-se sempre a outras estradas, novos caminhos. Ela está presa a uma lógica, tem uma meta, uma finalidade. Estando nela, sabe-se que se chegará a algum destino, mesmo que não se saiba qual. A estrada não se perde de si mesma, ela persiste, está sempre lá. Os outros é que eventualmente se perdem nela. Que pensar então de uma estrada "perdida"? Quererá isso dizer que é ela uma estrada esquecida, ignorada, situada nos cafundós do judas? Ou será ela uma estrada perversa, que não se reconhece a si mesma, que rejeita sua função, que trai seus objetivos, uma estrada que já não leva a lugar nenhum?

É por uma estrada assim que nos leva David Lynch em *Lost Highway* (1997), seu último filme.

Nele o espectador se sente desnorteado, deixado inteiramente à própria sorte. Não são confiáveis as balizas nas quais habitualmente se apoia – tempo, lugar, identidade dos personagens, lógica do enredo. O espectador imerge numa inusitada experiência, sugado pelo clima doentio, estranho, bizarro, claustrofóbico do filme. E é justamente por este efeito que aquilatamos o grande talento de Lynch, que mais uma vez problematiza os códigos narrativos convencionais.

É significativa a forma como Lynch mostra a estrada, *leitmotiv* e título de seu filme. Ao contrário da conhecida estrada dos *road movies* que descortina horizontes, aqui a câmera está voltada para o chão, mostrando o asfalto que corre sem cessar debaixo do carro, as faixas deslizando céleres, o puro movimento criando uma impressão inusitada: ao invés de avançar para frente, o carro parece afundar, mergulhar nas profundezas de uma outra dimensão.

De fato, a estrada de Lynch nos leva diretamente para esta terra ambígua sem placas de direção ou referências, na qual impera uma outra lógica. Essa estrada leva ao território onde tremula a bandeira do Inconsciente, ali reconhecemos a estranha familiaridade do *Unheimlichkeit* freudiano. É talvez por este motivo que em *Lost Highway*, tal como nas formações do Inconsciente, a compreensão só se dá *après-coup, a posteriori*. O espectador só o apreende no último instante, em sua última cena. A estrada de Lynch nos leva para um lugar onde reina a onipotência dos desejos. Ali são transpostos todos os limites do eu e da realidade. Pode-se ser simultaneamente homem e/ou mulher. Pode-se estar concomitantemente em diversos lugares. A identidade pode ser mantida ou transformada noutra diferente. Passado e futuro, amor e ódio, vida e morte estão todos mesclados de forma indissolúvel ou se alternam ciclicamente.

Há desconfiança, suspeita, zonas escuras e fundas que se instalam logo ali onde ninguém esperaria, bem atrás do guarda-roupa, dentro do quarto de dormir. A fusão público-privado gera a paranoia. O sentir-se observado e criticado destrói a privacidade.

Significativamente, o senhor desta estrada e deste território faz sua primeira aparição em um sonho. É o personagem maquiado, sem sobrancelhas, que tem o dom da ubiquidade e da ambiguidade sexual – pode estar em dois lugares simultaneamente, pode ser homem e mulher. É alguém que transcende os limites, as barreiras, é a onipotência realizada.

É ele o mestre de cerimônias da encenação que ali vai ser levada – o drama edipiano do assassinato do pai, esse drama perenemente recomeçado.

É neste território onde a figura do outro, do duplo, do *"doppelgänger"*, tão cara à literatura (Poe, Maupassant, Dostoievsky, Hoffmann etc.), vai às últimas consequências. O duplo, esse gêmeo, esse semelhante com o qual o sujeito se confunde e no qual perde sua identidade é a representação simbólica da alienação no desejo do Outro. Para sempre estaremos assombrados por este Outro, fantasma que fundará e habitará nosso Inconsciente, determinando sua incompreensível linguagem, cuja Pedra de Rosetta

Freud, moderno Champollion, nos decifrou, permitindo-nos sua compreensão.

A estrada de Lynch nos remete às questões essenciais que são abordadas numa psicanálise: quem sou eu e onde estou? Em que tempo vivo, o passado ou o presente? Onde está meu desejo, continua perdido no desejo do Outro? Como me firmar conhecendo este atemporal tempo do Inconsciente, que provoca um permanente retorno do infantil, uma eterna presentificação do passado, do processo primário? Sou a criança, sou o adulto? Como distinguir entre a realidade de meus desejos e a realidade externa do mundo? Como lidar com a culpa?

Amor além da vida

O filme *Amor Além da Vida* (*What dreams may come*, 1998) chega precedido de larga propaganda sobre suas qualidades visuais pictográficas. Foram necessários 15 anos para que sua feitura se concretizasse. Sua direção foi entregue a Vincent Ward, que também é pintor, alguém habilitado a realizar cenários muito especiais, inspirados em quadros famosos.

De fato, seus cenários, criados a partir da história da arte e da alta tecnologia gráfica computadorizada, são o que o filme tem de mais interessante. As cenas referentes ao Paraíso inspiram-se diretamente em pinturas impressionistas, pré-rafaelitas e da escola simbolista, enquanto as cenas ligadas ao Inferno se apoiam em Hieronymus Bosch e Gustave Doré.

Além dessas citações, há outros cenários chamativos, como as de uma *biblioteca* com ares de Veneza, os espaços fantásticos de *piazzetas* de sonho, os arcos góticos invertidos da casa no Inferno, e tantos outros detalhes que proporcionam um grande prazer a um olhar perquiridor.

Com boa vontade, *Amor Além da Vida* pode ser compreendido como uma nova versão do mito clássico de Orfeu e Eurídice, pois o protagonista procura salvar do Inferno sua mulher suicida. Sem boa vontade, o filme é apenas mais uma bobagem que vem engrossar a maré de misticismo barato que nos envolve por todos os lados, ligado à chegada do ano 2000. Ali se encontra todo o conhecido repertório – vidas passadas e futuras, reencarnações, Paraísos e Infernos, seres angelicais etc. Não podemos esquecer que o tal *final (ou início) de milênio* foi transformado pelo mercado em excelente produto.

Não surpreende saber que o filme se baseia no romance do mesmo autor de outro grande sucesso dos anos 80, o *Em algum lugar do passado*, onde um casal de estranhos se encontra num hotel para descobrir terem sido grandes amantes numa vida pregressa.

Em relação ao anterior, *Amor Além da Vida* é mais daninho, pois não só alimenta a atual onda obscurantista centrada no misticismo, como claramente apresenta uma atitude de oposição e hostilidade em relação aos psicoterapeutas. A personagem suicida que vai para o Inferno explicitamente diz que não pôde confiar no terapeuta, um incompetente incapaz, que nada sabe.

Até aí, tudo bem. Infelizmente há terapeutas com tais características. Além do mais, não podemos esquecer que, no momento, há efetivamente nos Estados Unidos uma onda de desconfiança contra os terapeutas, decorrente dos abusos e loucuras cometidos por muitos deles que alimentaram as chamadas *memórias reprimidas*, loucas fantasias histéricas de suas pacientes que acusavam pais e/ou alienígenas de as terem estuprado, realizado abusos sexuais etc.

Tal fato decorre, a meu ver, de um esquecimento de descobertas psicanalíticas básicas, que permitiriam uma discriminação adequada entre *abuso sexual infantil* e *fantasias de sedução sexual decorrentes do Complexo de Édipo*, consequentemente estruturais, corriqueiras e *normais*.

O que é daninho e desinformador em *Amor Além da Vida*, especialmente quando se leva em conta o poder de comunicação de massa que tem o cinema, é que a suicida desqualifica o terapeuta *não* por estar ele dizendo loucuras, mas pelo contrário, por estar ele *corretamente* tentando confrontá-la com o trabalho de luto frente à morte dos filhos e marido. O que a personagem julga ser a atitude correta esperada do terapeuta, na verdade seria um grave *erro*, pois alimentaria suas negações maníacas através de saídas místico-religiosas.

Sobre o filme *Caráter*

Entre os concorrentes ao Oscar de melhor filme estrangeiro de 1997 estava o brasileiro *Que é isso, companheiro?* e o holandês *Caráter* (*Karakter*, 1997, de Mike van Diem). Por maior que seja o ufanismo nacionalista, não há como negar que *Caráter* mereceu de longe o prêmio. Desde a direção primorosa de Mike van Diem, a fotografia excepcional, os grandes atores, o roteiro brilhante – baseado no romance de 1938 de F. Borderwijk –, tudo faz com que *Caráter* seja um filme indispensável para quem gosta de cinema.

Suas cenas iniciais mostram o jovem Katadreuffe entrando num edifício onde, aos gritos, diz para o velho Drevenhaven ter recebido o diploma de advogado e não mais precisar dele. Em rápido crescendo, instala-se uma briga entre os dois homens. Vemos Katadreuffe sair ensanguentado do prédio. Em seguida é mostrada sua prisão por suspeita de assassinato de Drevenhaven e subsequente interrogatório.

Em *flashback* tomamos conhecimento de sua história. Sua mãe, Joba, era empregada doméstica do abastado Dravenhaven, que a engravidou numa única relação sexual um tanto brutal, à qual ela se submete passivamente. Katadreuffe é, pois, filho bastardo de Dravenhaven. Ao saber da gravidez, Joba – uma mulher taciturna e silenciosa – avisa a Dravenhaven que vai partir, o que faz em seguida. Quando a criança nasce, Dravenhaven resolve assumir a paternidade e a procura em sua humilde residência. Propõe-lhe casamento, proposta que é recusada sem maiores explicações. Por mais de um ano, mensalmente Dravenhaven lhe manda dinheiro e renova sua proposta de casamento, no que é sistematicamente rejeitado.

Nos anos seguintes, em várias ocasiões Dravenhaven repete sua proposta de casamento, sem sucesso. Katadreuffe segue, por sua vez, uma solitária e infeliz infância. É atacado nas ruas como bastardo e em casa recebe um tratamento frio e distante da mãe. O isolamento o leva aos livros, dando alimento a uma inteligência brilhante que o levará posteriormente a altos postos.

Ainda menino, pergunta à mãe sobre o pai, e Joba diz-lhe apenas: "nós não precisamos dele". Da mesma forma, não lhe explica o porquê de sua persistente recusa frente às propostas do mesmo, presenciadas pelo filho. Ainda assim, Katadreuffe tenta se aproximar do pai. Numa determinada ocasião, para se safar de uma dificuldade, se apresenta como filho de Dravenhaven. Este aparece e, revelando uma grande ambivalência, faz um gesto que inicialmente parece ser um reconhecimento do filho, para logo renegá-lo. A partir daí, Katadreuffe assume o bordão da mãe, o "nós não precisamos dele".

54   O psicanalista vai ao cinema

Já adulto, precisa de capital para estabelecer um pequeno negócio e inadvertidamente pede dinheiro emprestado a um banco do qual seu pai é o proprietário. Com grandes dificuldades consegue livrar-se da dívida. Inexplicavelmente, pede-lhe um novo empréstimo, o que dá margem a novas pendências legais entre os dois. Em função desses problemas, termina por ingressar num escritório de advocacia, onde encontra um bondoso tutor que o ajuda desinteressadamente. As disputas legais geram um crescente ódio e medo em Katadreuffe, que se sente perseguido e prejudicado por Dravenhaven. É o conflito entre os dois que polariza o ritmo da trama que o roteiro leva a tão bom e surpreendente termo.

A história mostra alguns enigmas que somente uma leitura psicanalítica pode esclarecer. O maior deles é o comportamento da mãe de Katadreuffe. Não se entende porque Joba, esta miserável e silenciosa mulher recusa de forma tão sistemática a aproximação do homem que a engravidou e que quer honrar sua posição com o casamento, assumindo a paternidade de seu filho.

Uma opinião mais superficial poderia afirmar que a forma como foi abordada sexualmente, um quase estupro, justificaria seu comportamento. Essa explicação não se sustenta quando lembramos a passiva receptividade com que responde à abordagem sexual de Dravenhaven, assim como sua atitude posterior, não procurando proteção externa, permanecendo na casa dele. Ali continuou até constatar sua gravidez, quando comunica a Dravenhaven que vai embora sem nada pedir.

Uma possível interpretação da atitude de Joba a vincularia a uma má elaboração de seu complexo de castração. Como sabemos, é em função deste complexo que se instalam as saídas do Complexo de Édipo. No momento de sua vigência, as diferenças anatômicas entre os sexos são explicadas pela ausência ou presença de um único órgão, o falo. A ausência do falo é vivida

Caráter **55**

como castração, uma insuportável perda que representa e reatualiza todas as perdas anteriores e mais primitivas, entre elas a da relação fusional com a mãe. Uma das formas de resolver este impasse, na mulher, é justamente através da equação simbólica bebê-pênis. Engravidar, ter um filho, é finalmente ter o desejado falo, com o qual então se sente completa, inteira, plena, não mais castrada. Tendo o filho, identificado com o falo, o pênis, a mulher agora não precisa de mais ninguém, de mais nada. Daí o bordão de Joba, o "nós não precisamos dele". Ela só precisou de Dravenhaven para engravidá-la.

Como sabemos, essas satisfações regressivas são extremamente prejudiciais, dificultando o contato com a realidade, que passa a ser ignorada em nome de primitivos e irrealísticos desejos inconscientes. Assim, Joba, ao realizar sua fantasia infantil fálica, automaticamente fica impedida de viver de forma adulta, casar-se e ter uma família constituída. Rejeita Dravenhaven, homem rico, que poderia satisfazê-la sexualmente e tirá-la da miséria financeira. Tem com o filho uma relação narcísica, ou seja, o vê como parte de si mesmo. Não consegue vê-lo como um ser humano com subjetividade própria, com necessidades próprias. Não consegue ver – o que é central neste caso – que o filho, Katadreuffe, anseia por um pai. Ela apenas pensa, "agora eu tenho um filho-pênis, estou protegida contra toda e qualquer perda, meu narcisismo está completo, de nada mais preciso".

Por outro lado, em sua disputa fálica com o homem, ao rejeitar sistematicamente o poderoso Dravenhaven, Joba triunfa sobre ele, castrando-o ao desprezar sua potência sexual e financeira.

Por esses motivos não permite que Dravenhaven assuma o papel de pai que lhe é devido. Sua presença anularia sua vitória sobre ele, assim como – mais importante ainda – seria uma ameaça direta à relação narcísica que mantém com o filho. Joba, ao mesmo tempo que mantém com o filho uma relação narcísica, com seu silêncio, seu distanciamento, seu alheamento, parece evidenciar um comportamento melancólico, inteiramente voltado para si mesma, incapaz de dar atenção ao filho, impossibilitada de ver o amor – *sui generis*, sem dúvida – que Dravenhaven tem por ela e pelo filho.

Desta forma, entendemos que o conflito entre pai e filho, que parece ser o mais importante na trama, na verdade é secundário, decorrente deste outro conflito muito mais central e determinante, o conflito entre a mãe e o pai. Vemos também aí, de forma clara, como a relação entre filho e pai só pode se estabelecer com a anuência da mãe. O acesso do filho ao pai (e deste ao filho) depende inteiramente do desejo da mãe.

Dravenhaven, por sua vez, também tem características muito especiais. É figura formidável, poderoso e impiedoso agente da lei. Como oficial de justiça,compete-lhe executar o despejo de inquilinos inadimplentes, famílias miseráveis que são jogadas ao relento, uma tarefa que executa num misto de indiferença e violenta selvageria. Além disso, é homem rico, dono de banco.

Odiado e temido por todos, esconde atrás de sua temeridade – em função da qual se coloca em situações de alto risco pessoal – uma forte tendência autodestrutiva, suicida. Sua afetividade está coartada, bloqueada, escondida atrás das insígnias e dos brasões da lei que ostenta ininterruptamente. Homem rico e poderoso, não pôde estabelecer um vínculo amoroso adequado e termina por escolher de forma canhestra sua empregada doméstica. Como representante da lei, age coerentemente ao não se eximir de suas obrigações: oferece o casamento e a assunção da paternidade, mas o faz de forma rígida e formal, sem conseguir expressar suas emoções, seus afetos. As recusas e rejeições de Joba o deixam destroçado.

Joba, Dravenhaven e Katadreuffe constituem – de forma alegórica – uma família "disfuncional", como se diz nos Estados Unidos. Nela vemos o efeito catastrófico da patologia dos pais (neurose narcísica, melancolia) sobre a própria constituição do casal e sobre o filho. Katadreuffe, identificado com a mãe, obedece sua interdição contra a aproximação do pai. Deseja intensamente este pai mas não se autoriza a assumi-lo. A destrutiva relação entre seus pais terá sido decisiva em sua inabilidade para se aproximar da mulher que o ama, preso que está a seu narcisismo, a seu projeto ambicioso e megalomaníaco.

Como já dissemos, a patologia central desta família parece ser a melancolia. Isso se evidencia quando vemos que a *dívida* assume um papel importantíssimo na vida de todos os personagens, regendo os atos de todos eles.

A dívida, a possibilidade de saldá-la ou não, é uma das formas como se articula, a nível consciente, a culpa inconsciente, como Freud tão bem mostrou no famoso caso do "Homem dos Ratos". Abraham afirma que os mecanismos obsessivos são defesas contra a depressão e a melancolia.

Assim, o vínculo formal que une esta infeliz família é a dívida. Se examinarmos o conflito mais evidente, aquele existente entre pai e filho, logo vemos que é uma dívida que estrutura esta relação. Não havendo o contrato simbólico da paternidade, fica este substituído pelo contrato legal da assunção da dívida financeira. Assim se explica porque Katadreuffe volta a pedir um segundo empréstimo, sendo este objetivamente ainda mais inaceitável por colocá-lo literalmente nas mãos de Dravenhaven. Age assim porque é o que inconscientemente deseja. O pai dá e cobra, o filho aceita e se acha perseguido, sem notar as formas sutis com que o pai o favorece, já que não poderia fazê-lo de outra forma. O filho está na posição de devedor, quando na verdade ele é o credor, é ele quem cobra de Dravenhaven a dívida da paternidade.

A dívida também determina a relação entre Joba e Dravenhaven, desde que ela o impede de reparar seu erro, de liquidar com sua dívida simbólica, casando e assumindo a paternidade. Mas é Dravenhaven quem expressa de forma mais contundente a problemática da dívida. Como agente da lei, tem como principal tarefa legal cobrar as dívidas dos inadimplentes, quando os despeja de suas casas, destruindo materialmente lares e famílias. A implacável forma como executa sua tarefa parece ser uma tentativa de projetar sua culpa (sua dívida) naqueles miseráveis, com os quais passa então a agir como um superego sádico. Esse mecanismo não parece ser muito eficaz para controlar sua culpa, pois vemos como não o impede de várias vezes procurar a morte de forma mais ou menos aberta.

Essa tentativa de entender a dinâmica familiar em *Caráter* nos leva à conclusão de que as patologias dos pais destroem o casamento e se refletem danosamente sobre o filho, causando-lhe patologias. Isso abre importantes questões, entre elas o do papel da família na psicogênese da patologia mental.

Hoje em dia, em que a psiquiatria está tão voltada para as pesquisas químicas dos neurotransmissores cerebrais, é interessante lembrarmos que bem recentemente, até meados dos anos 70, havia uma grande linha de pesquisas sobre a influência da família na gênese das doenças mentais, especialmente das psicoses.

Nos Estados Unidos, a partir da década de 40, Harry Stack Sullivan insistia na importância das primeiras relações do bebê com seus pais como fatores determinantes em sua posterior patologia, especialmente a esquizofrenia. Estabeleceu-se uma grande curiosidade em torno das "mães esquizofrenogênicas", expressão cunhada em 1948 por Frieda Fromm-Reichman. Em linhas gerais, a "mãe esquizofrenogênica" se caracterizaria por uma atitude ambivalente com a qual simultaneamente superprotegeria e rejeitaria seu filho.

Muitos estudos foram feitos na década de 50 sobre esse tema, como mostra a abrangente revisão feita por Gordon Parker[1]. Esses trabalhos se revelaram muito esclarecedores, mas foram questionados em função de sua pobre metodologia, da ausência de grupos de controle, de uma estatística deficitária, um problema, a meu ver, próprio da pesquisa psiquiátrica quando se afasta de sua vertente mais orgânica

Trabalhos subsequentes deslocaram o eixo da patologia, que estava centrado na mãe, para o relacionamento patológico do casal parental e depois o estudo dos padrões de comunicação dos pais e da família dos esquizofrênicos. Neste campo, os trabalhos de Bateson, Haley, Weakland e Laing, com a teoria do "duplo vínculo", marcaram época.

É compreensível a posição de John Neill[2] quando ataca o conceito de "mãe esquizofrenogênica", considerando-o equivocado e extremamente danoso por culpabilizar as mães, demonizando-as.

Esse é um problema muito sério. Em primeiro lugar, se as mães são "esquizofrenogênicas" – ou seja, se determinadas mães estabelecem relações especialmente patógenas com seus filhos, causadoras de psicoses ou outras perturbações que aparecerão posteriormente – elas não devem ser demonizadas e sim tratadas, acolhidas em seu sofrimento. Em segundo lugar, a questão não deve ficar centrada na pessoa da mãe e sim na própria estrutura da família – onde o pai e as histórias do ramo paterno e materno jogam papel decisivo.

---

1 PARKER, Gordon. Re-searching the Schizophrenogenic Mother". *The Journal of Nervous and Mental Disease*, vol. 170, 8, 1982.

2 NEILL, John. Whatever became of the Schizophrenogenic Mother? *American Journal of Psychotherapy*, vol. XLIV, 4 oct. 1990.

Infelizmente, o enfoque familiar da doença mental – refiro-me não a estudos genéticos, mas ao priorizar as fantasias inconscientes e as relações intersubjetivas dentro do grupo – encontra-se, no momento, relegado a um segundo plano pelo *establishment* psiquiátrico, que privilegia o aspecto neurocientífico, centrado na manipulação de drogas que interferem nos neurocondutores intersinápticos. Além do mais, não podemos negar que postular a importância etiopatogênica da família na gênese da psicose e incluí-la dentro do plano terapêutico seria uma mudança radical no paradigma que orienta a prática psiquiátrica atual. Na medida em que os recursos terapêuticos se descentrassem do "paciente" e se voltassem para a família, seria de se esperar que isto gerasse efeitos e o mais imediato deles o aparecimento de culpa e ansiedade em pessoas que até então não se viam como "pacientes". Isso causaria problemas logísticos incontornáveis, desde que a demanda pelos serviços psiquiátricos aumentaria de forma tal que inviabilizaria toda a rede tal como está concebida no momento.

Trabalhos mais recentes dão ao conceito de "mãe esquizofrenogênica" uma formalização teórico-clínica mais acurada e pertinente.

Refiro-me aos trabalhos de Stoller[3] com as mães de transexuais e as elaborações teóricas de Piera Aulagnier[4] sobre a gênese da psicose. É interessante sublinhar que, apesar de partirem de corpos teóricos muito distantes – Stoller é um psicanalista americano, Piera Aulagnier foi ligada a Lacan – as conclusões às quais chegam têm grande semelhança. Para estes autores, a relação patógena fica caracterizada por uma ligação narcísica da mãe com o filho, que não é rompida pela intervenção do pai enquanto terceiro

---

3   STOLLER, Robert. *A experiência transexual*. Rio de Janeiro: Imago.
4   AULAGNIER, Piera.Observaciones sobre la estrutura psicótica – Psicoanalisis de la Psicosis. *Carpeta de Psicoanalisis 1*, Letraviva, Buenos Aires, 1978.

Caráter   61

representante da lei. A psicose (no trabalho de Aulagnier) ou o travestismo (em Stoller) é decorrência da não castração da mãe através da equação bebê (filho)-pênis.

Foi este o modelo que seguimos para entender os enigmas do filme *Caráter*. Joba poderia ser vista como um exemplo de "mãe esquizofrenogênica", (aqui entendida como aquela que produz uma relação patógena com o filho não necessariamente esquizofrênico) muito embora, como ali fica também esclarecido, não exista apenas a problemática da mãe e sim toda uma complexa e complementar relação com o pai de seu filho.

Essa linha de pesquisa sobre o funcionamento familiar, que esteve em grande voga nos anos 70, teve continuidade com o trabalho dos terapeutas de família, que usam hoje basicamente dois referenciais teóricos mais importantes, o psicanalítico e o sistêmico.

Ainda hoje, lembro-me do grande impacto que senti ao ler *Sanity madness and family*, de Laing e Esterson. São transcrições de fitas gravadas com entrevistas de esquizofrêncos e suas familias. É uma leitura que recomendo aos mais entusiasmados com a "década do cérebro".

Algumas observações sobre o filme *Truman, o show da vida*

(*The Truman Show*, filme de Peter Weir, 1998)

Coautoria de Carlos Guillermo Bigliani

Truman pensa viver uma vida normal, igual à de todo o mundo, até começar a perceber estranhos acontecimentos que o levam paulatinamente a uma dura e surpreendente descoberta. Sua vida era um programa de televisão seguido mundialmente desde o instante de seu nascimento. Tudo a seu redor era fictício – sua cidade, sua mãe, seus amigos, seu trabalho, sua mulher. Através de grande sofrimento desmascara a farsa e abandona aquele mundo em busca da realidade. Esse é a sinopse do tão elogiado *O show de Amor Além da Vida* (*The Truman Show*), filme de Peter Weir (autor de grandes filmes como *O ano em que vivemos em perigo, A testemunha* e *Sociedade dos Poetas Mortos*), cujo roteiro comporta várias interpretações.

A leitura mais imediata é aquela que vê o filme como uma crítica ao poder da mídia eletrônica. A televisão invade inteiramente a subjetividade, confunde público e privado, aprisiona os sujeitos numa vida alienada, ditada pelos valores do mercado, onde a felicidade está equacionada à posse de bens de consumo e a própria identidade pessoal se esfuma frente às identidades por ela fornecidas, especialmente aquelas veiculadas pela publicidade, que forjam imagens de masculinidade ou feminilidade, de sucesso e triunfo, sempre caudatárias do consumo.

A compreensão psicanalítica vê o filme como uma metáfora do processo de constituição do sujeito. Freud nos mostrou a extraordinária importância do Complexo de Édipo neste processo, na medida em que é ele o responsável pela organização *après-coup* dos episódios narcísicos (pré-edipianos) e pela estruturação das identificações constitutivas primárias. Podemos seguir momentos importantes desta teorização em vários de seus trabalhos, como em *Totem e Tabu, Psicologia de Grupo e análise do eu, O Ego e o Id* onde são ressaltados importantes aspectos da identificação com as figuras parentais.

Em *Truman* vamos ver aspectos narcísicos (pré-edipianos) da constituição do sujeito, muito embora o desdobramento do roteiro corresponda ao desenvolvimento psíquico do personagem, que sai do narcisismo e estabelece relações objetais satisfatórias, organizando com tudo isso sua identidade e assumindo seu próprio desejo.

Dizem Mitchell e Black[1]:

---

[1] MITCHELL, Stephen A.; BLACK, Margareth J. Freud and beyond – A history of Modern Psychoanalytic Though.New York: Basic Books, 1995. p. 207-8.

Se tivéssemos de selecionar a controvérsia que mais tem dividido os teóricos e clínicos psicanalistas, o item que tem dado margem para as crenças mais apaixonadas, estridentes e fortemente contrastantes, há apenas um candidato, e nenhum que se aproxime dele. Esse item diz respeito às causas das desordens psicológicas: a psicopatologia é o resultado de traumas, o curso do desenvolvimento saudável interrompido por eventos destrutivos e experiências reais? Ou é o resultado da má interpretação da experiência primária devido ao impacto distorcido da fantasia infantil? Os psicanalistas não estão sozinhos na luta com este problema. O debate psicanalítico entre os proponentes do trauma e os proponentes da fantasia é um reflexo de um debate filosófico maior concernente a natureza *versus* cultura (nature x nurture) que tem irrompido com violência na história do pensamento ocidental.

Podemos afirmar que a questão é ainda mais ampla do que colocam Mitchell e Black. Diz ela respeito não só à gênese da patologia, mas a gênese do próprio psiquismo, do aparelho psíquico ou, dizendo de outra forma, da constituição do sujeito como tal. O que é mais decisivo nesta constituição, os fatores da realidade externa, das relações intersubjetivas posteriormente internalizadas, ou a força endógena da pulsão? Tal questão se instala na psicanálise com o abandono por Freud de sua teoria da sedução e a subsequente ênfase no mundo interno, na realidade psíquica, na fantasia.

Essa dupla possibilidade é visível no próprio Freud em muitos textos. É uma antinomia que atravessa toda a obra freudiana, como já ressaltou tão bem Laplanche: o ambíguo estatuto que o objeto (ou seja, o mundo externo, o intersubjetivo, as relações objetais) ocupa na teorização freudiana. Visto pelo ângulo da pulsão (ângulo privilegiado resistencialmente, diríamos hoje, por permitir centrar na criança toda a descrição dos movimentos pulsionais, vistos como totalmente independentes de qualquer relacionamento objetal, intersubjetivo), o objeto é secundário e circunstancial, o "mais contingente". Diz Freud[2]: "Ele é o elemento mais variável na pulsão, não está ligado a ela originalmente, mas não se vem ordenar a ela senão em função de sua aptidão para sentir satisfação". Visto pelo ângulo da teorização edipiana, o objeto passa a ser fundamental, enquanto base de identificações constitutivas ao ser abandonado como investimento pulsional incestuoso, e todo o drama edipiano, intersubjetivo, interpessoal adquire sua dimensão efetiva.

O mesmo ocorre quanto à visão do narcisismo. Se em momentos refere-se a ele como "anobjetal" e "autoerótico", e diz que o ego "investido com as pulsões, sendo, até certo ponto, capaz de satisfazê-los em si mesmo", em nota de pé de página, Freud[3] logo acrescenta:

> Na realidade, o estado narcisista primordial não seria capaz de seguir o desenvolvimento (que virá a ser descrito), se não fosse pelo fato de que todo indivíduo passa por um período durante o qual é inerme, necessitando de cuidados, e durante o qual suas necessidades prementes são satisfeitas por um *agente externo*, sendo assim impedidas de se tornarem maiores.

Num trecho do *Uma introdução ao narcisismo*[4], cuja importância e implicações parece-nos muitas vezes subestimada, vamos

---

2 FREUD, Sigmund. Instincts and their vicissitudes. *Standard Edition*. Vol. XIV. London: The Hogarth Press, 1957. p. 122.

3 FREUD, Sigmund. Instincts and their vicissitudes. *Standard Edition*. Vol XIV London: The Hogarth Press, 1957. p. 134-5, 156

4 FREUD, Sigmund. On Narcissism: an Introduction. *Standard Edition*. Vol. XIV. London: The Hogarth Press, 1957. p. 90-1

66   O psicanalista vai ao cinema

ver que a importância deste *"agente externo"*, do objeto, ficará muitíssimo mais ressaltado e assumirá a importância que, a nosso ver, efetivamente tem:

O narcisismo primário das crianças por nós pressuposto e que forma um dos postulados de nossas teorias da libido é menos fácil de apreender pela observação direta do que de confirmar por alguma outra inferência. Se prestarmos atenção à atitude de pais afetuosos para com os filhos, temos de reconhecer que ela é um revivescência e reprodução de seu próprio narcisismo, que de há muito abandonaram. [...] Além disso, sentem-se inclinados a suspender, em favor da criança, o funcionamento de todas as aquisições culturais que seu próprio narcisismo foi forçado a respeitar, e a renovar em nome dela as reivindicações aos privilégios de há muito por eles próprios abandonados. A criança terá mais divertimentos que seus pais; ela não ficará sujeita às necessidades que eles reconheceram como supremas na vida. A doença, a morte, a renúncia ao prazer, restrições à sua vontade própria não a atingirão; as leis da natureza e da sociedade serão abrogadas em seu favor; ela será mais uma vez realmente o centro e o âmago da criação – "Sua Majestade, o Bebê", como outrora nós mesmos nos imaginávamos. A criança concretizará os sonhos dourados que os pais jamais realizaram – o menino se tornará um grande homem e um herói em lugar do pai, e a menina se casará com um príncipe como compensação para sua mãe. *No ponto mais sensível do sistema narcisista, a imortalidade do ego, tão oprimida pela realidade, a segurança é alcançada por meio do refúgio na criança. O amor dos pais, tão comovedor e no fundo tão infantil, nada mais é senão o narcisismo dos pais renascido, o qual, transformado em amor objetal, inequivocamente revela sua natureza anterior.* (p. 107-8, vol. XIV, grifos nossos)

Truman, o show da vida **67**

Vemos aí uma dupla inversão não muito comum na teorização de Freud. Em primeiro lugar, dá a primazia ao relacional intersubjetivo, interpsíquico, ao contrário da ênfase no pulsional. Em segundo lugar, fica claro o papel determinante e constituinte que o objeto – no caso, os pais – pode assumir para o sujeito. Isso é importante, pois, mesmo quando concede a importância do relacional objetal, como o faz ao teorizar o Complexo de Édipo, Freud faz a ênfase repousar completamente na criança, é ela a detentora da libido, da pulsão, dos desejos incestuosos. Nada é dito sobre o desejo dos pais, da mãe e do pai. A sexualidade está toda com a criança, nunca com os pais. Bem, no texto citado acima vemos a *ênfase no psiquismo dos pais, na realidade externa, na importância do Outro.* Vemos aí os pais se identificando com os filhos, projetando neles seus próprios narcisismos, que se "refugiam" – como diz Freud – na criança, no filho.

Tal vertente freudiana tem sido desdobrada por vários psicanalistas, especialmente os franceses, a começar com Lacan, cuja teorização sobre a importância do Outro não pode ser ignorada. Em sua postulação conhecida, o sujeito constitui-se "alienado no desejo do Outro", a mãe, o pai e seus subsequentes substitutos.

Ou seja, o que faz a criança ao se aperceber daquele narcisismo paterno "refugiado" em sua pessoa, em seu psiquismo? Que faz ela ao reconhecer o desejo dos pais a seu respeito? Teria ela qualquer possibilidade de se opor a esse desejo dos pais ou, como afirma Lacan, está estruturalmente a ele atado, nada lhe restando fazer a não ser alienar-se neste desejo, alienar-se de seu próprio desejo, o qual só será reconhecido através do processo analítico, nisso consistindo o caráter trágico da existência humana?

Outros analistas sob o impacto da teorização lacaniana produziram hipóteses próprias como é o caso de Laplanche, com

68   O psicanalista vai ao cinema

sua "teoria da sedução generalizada"[5], onde também enfatiza a extraordinária importância do desejo dos pais na constituição do sujeito humano, na medida em que instala no psiquismo do "infans" aquilo que chama de "significantes enigmáticos" ou "metáboles", detentoras de seus próprios desejos inconscientes os quais a criança deverá "traduzir", "interpretar" e, em assim fazendo, constituir-se como sujeitos humanos.

É Laplanche[6], quem, num momento de irritação, denuncia esse escotoma que a teorização freudiana e pós-freudiana faz da importância extraordinária e determinante que o desejo dos pais, a fantasia dos pais, o inconsciente dos pais exerce na constituição do psiquismo dos filhos. Diz ele:

> É até ligeiramente embaraçoso dizer isso – a psicanálise com Freud e depois dele, tem-se recusado a levar em conta que a repressão e o inconsciente existem no Outro antes de aparecer na criança... O Outro – em particular, o Outro parental – está raramente presente e quando está é como protagonista abstrato da cena ou um suporte de projeções; isso acontece com Freud e, num grau muito maior, por exemplo, com Klein.

Diz ainda:

> Aqui vou evidentemente bem além de Freud [...] o seio não é somente um órgão destinado a alimentar a criança, mas um órgão sexual, o que é *perfeita e completamente escotomizado por Freud e depois de Freud*. Nenhum texto, nenhuma alusão, mesmo de Freud, leva em conta a excitabilidade do seio feminino, não

---

5   LAPLANCHE, Jean. A Teoria da Sedução Generalizada.Porto Alegre: Editora Artes Médicas, 1988. p. 118-9.

6   LAPLANCHE, Jean. Interpretation between determinism and hermeneutics: a restatement of the problem. *J. Psycho-Anal.*, 73:429 (IJP), 1992.

somente no aleitamento mas simplesmente na vida sexual da mulher[7]. (grifos de Laplanche)

Essa alienação estrutural – consequentemente inevitável – no desejo do Outro, esse estar com o narcisismo do pai "refugiado" no próprio psiquismo, esse tentar decifrar os significantes enigmáticos foi descrito muito bem por Tausk[8] como um "aparelho de influência", visto em pacientes esquizofrênicos. Estes pacientes sentiam que suas vidas eram observadas cuidadosamente, que seus pensamentos eram comentados, que seus interiores eram vasculhados, assim como o espaço que eles habitavam era supervisado por forças estranhas e alheias a eles.

Ali fica bem explicitado como durante a constituição do sujeito psíquico os *outros* (a começar pelos pais) se instalam em seu interior como palavra e pensamento, como cuidados que o sujeito realiza consigo mesmo, como uma série de aspectos normativos e instrumentais que passam a constituir seu próprio ser. Tudo isso, que se origina no exterior, passa a ser ego-sintônico, ou seja, algo que o sujeito sente em sintonia com seu ser e cuja origem não pode mais ser traçada até suas origens externas. Perde-se o elo que o une ao real.

Na psicose, essa influência constitutiva não é assimilada. O psicótico vê muitos de seus próprios desejos de cuidados e de atenção sob a forma de alucinações, como se esses desejos estivessem sendo realizados no presente por forças reais externas, como o foram na infância pelos pais. Só que o ego vê esses desejos realizados como estruturações persecutórias. Ou seja, quando o paciente delira, não se teria realizado uma adequada simbolização desse passado constitutivo, e – por isso – ele retorna como

---

7   LAPLANCHE, Jean. La Revolucion Copernicienne. Paris: Aubier, 1992.
8   TAUSK, Victor. On the origin of the "Influencing machine" in Schizophrenia. *Psychoanal. Q.*, n., 2, p. 519-556, 1933.

real. Através desse *aparelho de influência* o sujeito encontra uma forma de perpetuar esse passado de influências benéficas (ou não) e a proteção (ou falta de) dos pais. Isto seria conflitante com os desejos de crescer e de abrir-se, por identificação com os pais, a experiências exogâmicas, que seria o que caracteriza a "normalidade".

Neste mesmo sentido, diz Freud[9]:

> Não nos surpreenderíamos se encontrássemos um agente psíquico especial que realizasse a tarefa de assegurar a satisfação narcisista proveniente do ideal do ego, e que, com essa finalidade em vista, observasse constantemente o ego real, medindo-o por aquele ideal. Admitindo-se que esse agente de fato exista, de forma alguma seria possível chegar a ele como se fosse uma descoberta – podemos tão somente reconhecê-lo, pois podemos supor que aquilo que chamamos de nossa 'consciência' possui as características exigidas. O reconhecimento desse agente nos permite compreender os chamados 'delírios de sermos notados' ou, mais corretamente, de sermos vigiados, que constituem sintomas tão marcantes nas doenças paranoides [...]. Pacientes desse tipo queixam-se de que todos os seus pensamentos são conhecidos e suas ações vigiadas e supervisionadas; eles são informados sobre o funcionamento desse agente por vozes que caracteristicamente lhes falam na terceira pessoa ('Agora ela está pensando nisso de novo', 'agora ela está saindo'). Essa queixa é justificada; ela descreve a verdade. Um poder dessa espécie, que vigia, que descobre e que critica todas as nossas intenções, existe realmente. Na realidade, existe em cada um de nós em nossa vida normal. Os delírios de estar sendo

---

9   FREUD, Sigmund. On Narcissim: an Introduction. *Standard Edition*. Vol. XIV.London: The Hogarth Press, 1957. p. 95-96.

vigiado apresentam esse poder numa forma regressiva, revelando assim sua gênese e a razão por que o paciente fica revoltado contra ele, pois o que induziu o indivíduo a formar um ideal do ego, em nome do qual sua consciência atua como vigia, surgiu da *influência crítica de seus pais* (transmitida a ele por intermédio da voz), aos quais vieram juntar-se, à medida que o tempo passou, aqueles que o educaram e lhe ensinaram, a inumerável e indefinível coorte de todas as pessoas de seu ambiente – seus semelhantes – e a opinião pública.

Uma reflexão sobre esse trecho mais uma vez permitiria mostrar uma importante diferença de ênfase no que seria a posição freudiana e a lacaniana (ou francesa) no que diz respeito à *"influência crítica dos pais"*, como diz Freud. Para Freud, as crianças estão, antes de mais nada, identificadas com o superego paterno, com os desejos e proibições dos pais, identificação essa que se cristaliza numa estrutura – o superego – que eventualmente na psicose se autonomiza e fica ego-distônico. A criança faria essa identificação como os pais em função do Complexo de Édipo, como uma forma de abdicar deles como objetos de amor, internalizando-os dessa forma. Não está em jogo o desejo dos pais *per se* e o papel determinador que ele possa exercer.

Como já vimos, para Lacan e mesmo Laplanche, essa *"influência crítica dos pais"* é o que constitui o próprio sujeito, é o decisivo.

Colocados estes prolegômenos, podemos retomar a leitura de *Truman* e nela ver com clareza aspectos da importância da *"influência crítica dos pais"*.

Pensamos, então, que o filme *Truman* nos remete a esses momentos iniciais, narcísicos, de alienação no desejo do outro, de fusão e simbiose entre mãe e filho, onde o filho se julga completo por ignorar a fusão com a mãe e a mãe realiza antigas fantasias de completude, vendo o filho como o falo há tanto desejado e finalmente adquirido.

Truman ignora que sua vida está totalmente controlada por outras pessoas, os diretores e roteiristas do programa do qual é inadvertidamente a estrela. Truman é a criança que está perdida e alienada no desejo do Outro, está agindo em função dos significantes enigmáticos, do narcisismo "refugiado" dos pais.

A relação entre Truman e a onipresente e onipotente produção do show na televisão, que o controla em tudo com suas cinco mil câmaras de filmar, impondo-lhe seu desejo, impedindo-lhe qualquer autonomia e escolha, seria uma possível representação da relação estabelecida por uma mãe narcísica que toma seu filho como prolongamento dela própria para realizar seus desejos onipotentes, uma mãe fálica que vê o filho como um falo do qual não mais pode se afastar.

Uma mãe que não tolera separar-se do filho, e o filho que luta entre o desejo de ficar na segurança da cela esplêndida e controlada, onde é uma eterna criança brincando de viver, e o desejo de sair dali e assumir sua própria subjetividade, seu próprio desejo, arriscando-se a enfrentar as dores do viver.

Vemos no filme como todas as tentativas de autonomia apresentadas por Truman são imediatamente rechaçadas, invalidadas, desautorizadas, desestimuladas, transformadas em possibilidades catastróficas por aqueles que efetivamente controlam sua vida, os diretores do programa de televisão, desestimulando-o assim a tomar qualquer iniciativa de partir da cidadezinha. Posteriormente ele é impedido e punido por tais tentativas. Fobias e sentimentos de culpa lhe são induzidas com este intuito.

Até esse ponto do roteiro, a história de Truman configura uma psicose. Uma relação narcísica, não castrada, fundida com o objeto primário, uma impossibilidade de assumir o próprio desejo, a própria subjetividade.

Sabemos, entretanto, que o sistema narcísico começara a trincar. Vemos isso já no começo do filme. No momento em que saía de casa para o trabalho, despenca daquilo que até então Truman considerava o firmamento um holofote de teatro. Em seguida, ao ligar o rádio do carro, ouve o locutor descrever seu trajeto e comentar seus atos. O espectador, aturdido, se pergunta se Truman é um psicótico, um esquizofrênico com delírios de influência.

Logo o sistema perde sua estabilidade e começa a ruir quando Truman se interessa efetivamente, espontaneamente por uma mulher. É a emergência de seu próprio desejo, não mais aquele decorrente da manipulação externa. Truman estabelece sua relação exogâmica pela escolha da mulher estranha ao meio endogâmico, cuja imagem vai se organizando aos poucos, numa colagem de lembranças e afetos, até constituir um objeto amoroso (objeto *a*, fonte de desejo?). É interessante notar como o acesso a essa mulher é severamente reprimido, como vemos no encontro na praia, quando ela é sumariamente levada por vários homens. Seria uma menção à interdição edípica, que organiza a saída primeira do narcisismo; a segunda se daria na adolescência.

A fala final de Christof, o criador do programa, tenta fazer Truman ficar no "útero". Usamos propositadamente tal imagem pela própria forma abobadada que encerra toda a cidade fictícia onde mora Truman, mas na verdade o "útero" seria a fusão narcísica com a mãe, a não autonomia do filho em relação à mãe, o estar a ela inexoravelmente preso. Christof assegura a Truman que a vida lá fora é também cheia de mentiras e enganos, e que aqui ele está mais protegido. É a tentativa final e frustrada feita pela "mãe" para impedir que o "filho" possa ele mesmo fazer as descobertas boas e más que o "mundo externo" inevitavelmente trará, que ele realize sua relação exogâmica.

Neste sentido, *Truman* seria uma metáfora tanto da situação inicial da constituição do sujeito, como também da sua crise maior, aquela que se dá na adolescência.

Truman nos permitiu mostrar uma formação psicótica, que seria aquela onde ele fica encerrado no "útero", na relação narcísica, sem ousar sair. Vimos também a solução "normal", com a saída exogâmica, que é o final feliz do filme. Falaremos agora de uma saída neurótica. Referimo-nos àqueles sujeitos "normopatas", que parecem viver uma vida adulta com uma mulher com a qual tem uma relação afetiva estável. Mas isto é apenas na aparência, pois a mulher exerce na relação a função de mãe, é vista pelo paciente como uma mãe. Esta versão *as if* ("como se", aparente) da maturidade é assustadoramente frequente em nosso dias em casais de determinadas classes sociais.

Uma outra ideia que *Truman* nos faz pensar é que a estrutura relacional narcísica que ele ilustra costuma se instalar nas mais diversas terapias, em função das repetições transferenciais, criando – às vezes – impasses que são resultantes de sua elaboração inadequada.

Supostamente, as boas análises são aquelas mais demoradas. Somente elas efetivamente teriam conseguido as integrações necessárias, as reparações, as elaborações da posição depressiva, da estruturação simbólica, a travessia do fantasma etc. Mas é de se pensar até que ponto não ocultam elas – as análises muito longas – distorções e perversões, onde, ao invés de ajudar o analisando a sair da relação narcísica, fazem o contrário, restabelecem com ele tal relação e a mantém indefinidamente.

Algumas ideias sobre a família

(Dia das mães, comentários sobre os filmes *Festa de família* e *happiness*, terapia de família)

1) Chamou-me a atenção a notícia publicada na *Folha de S.Paulo* (5/5/99) a respeito de uma campanha na internet, lançada em função do Dia das Mães, pela norte-americana Vicki L., uma programadora de computadores de Nova York de 38 anos. A campanha se chama "Turn your web page black for Mother's Day" (Deixe sua web page negra pelo Dia das Mães). Vicki L. acredita que é grande o número de pessoas que, como ela, veem este dia como uma data triste por lhes lembrar o relacionamento difícil e traumático com a mãe. Em sua página, naquela ocasião

abrigada no site da Organização Asarian, que visa acolher vítimas de abusos (www.asarian.org), ela diz: "Esta página está de preto como protesto pelo Dia das Mães. Essa data comemorativa é difícil e dolorosa para aqueles de nós que foram ou ainda são maltratados pelas próprias mães. Há mães que maltratam os filhos fisicamente, há mães que ofendem seus filhos verbalmente, há mães que abusam emocionalmente de seus filhos, há mães que abusam sexualmente de seus filhos. A sociedade glorifica e idealiza a maternidade. Não quer que acreditemos que as mães possam maltratar suas crianças. Quer fazer crer que isso não é natural e que é incrivelmente raro. Isso não é tão raro quanto se pensa. Queremos declarar nossa solidariedade com aqueles que sofreram maus tratos por parte de suas mães."

É uma atitude corajosa a de Vicki L. Expressa uma triste realidade, vista correntemente por qualquer analista ou terapeuta individual ou de família. Sabemos como são complexos e ambivalentes os vínculos que ligam filhos e mães, como são cheios de ódios e amores, permeados por culpas, configurando uma realidade muito mais complexa e conflitiva do que aquela edulcorada e idealizada sob a rubrica de Dia das Mães.

O amor dos filhos pelas mães e seu correlato, o ódio dos filhos pelas mães, configuram aspectos fundamentais de sua estruturação como sujeitos. Ambos se estabelecem nas relações primárias duais, organizadoras do narcisismo primário, e com sua conotação fusional geradora da mônada mãe-filho. Essa relação tem uma posterior reorganização com a estrutura triangular do Complexo de Édipo, quando ingressa a figura do pai, também objeto de intensos afetos.

Estudos psicanalíticos com a família levam em conta não só a família nuclear, mas também o parentesco alargado, incluindo duas ou três gerações ascendentes, o que permite reconhecer o narcisimo primário e o Complexo de Édipo dos pais. Tal inclusão permite ver como eles – os pais – revivem com os filhos, neles projetando, situações mal resolvidas que envolvem suas identidades e suas castrações simbólicas. Assim, muitas vezes o filho sofre uma situação emocional cujo início deu-se duas gerações anteriores.

2) Dois filmes recentemente exibidos, o dinamarquês *Festa de Família* (1998), de Thomas Vinterberg, e o americano *Happiness* (1998), de Todd Solondz, abordam conflitos familiares e deveriam ser vistos por todos que se interessam por cinema e por psicoterapias individuais ou familiares. *Festa de Família* mostra o esforço para desvelar um segredo familiar feito pelo membro da família considerado "louco", "neurótico", "artista". Este, na festa de 60 anos do pai, estando toda a família reunida, denuncia os estupros que o pai infligia a ele e à irmã, que teria se suicidado anos depois por esse motivo. Vemos como a família resiste intensamente frente à emergência desta verdade ameaçadora, que, se reconhecida, mudaria para sempre seus padrões de relacionamento. O filho que faz a denúncia é sistematicamente desqualificado, desautorizado, expulso, espancado, chamado de "louco". Tudo é feito para calá-lo. Quando finalmente a verdade se impõe, há uma benéfica catarse, um grande alívio para todos, personagens e espectadores.

Vinterberg, na feitura de seu filme, assume os pressupostos do grupo "Dogma", que propugna pela volta aos valores tradicionais do cinema, ignorando os grandes artifícios dos efeitos especiais computadorizados, apanágio dos megaestúdios de Hollywood, que nisso são imbatíveis.

O grupo "Dogma" luta por um cinema humano, onde excelentes atores, roteiros inteligentes e os recursos próprios da linguagem cinematográfica são suficientes para produzir um bom filme. Assim, *Festa de Família* tem uma narrativa clássica, que se desenvolve linearmente no tempo e no espaço, com poucos *flash-backs*. É o que se chama de uma história bem contada.

Comparado com *Festa de Família*, *Happiness* é muito mais radical em sua denúncia da desagregação familiar, tanto na forma como no conteúdo. Aqui a própria narrativa parece não ter um centro específico. Há uma fragmentação propositada, não há personagens centrais que captem uma força maior e decisiva na trama. Todos têm mais ou menos o mesmo peso e valor, equiparam-se sem hierarquias. Se quisermos seguir um mínimo de estrutura, podemos acompanhar a personagem "Joy" (em inglês "alegria") em suas perambulações através de sua família, vizinhos e trabalho, para vermos o desfile desse amontoado de misérias humanas, de solidão, de incompreensão, de loucuras as mais tenebrosas, que vão desde abusos sexuais de crianças (pedofilia) a assassinatos e mutilações (castrações). O filme não faz nenhuma concessão ao final feliz, que não deixa de acontecer no *Festa de Família*.

Aqui a insânia e a desesperança são simplesmente constatadas e, por mais grotescas e impactantes, o diretor consegue mostrá-las com uma tocante compaixão. Solondz parece querer dizer que, apesar de tudo, a vida continua. Mas a loucura cobra seu preço. Os personagens entram numa progressiva dissociação, num afastamento de seus próprios sentimentos, em negações as mais violentas, em fechamentos narcísicos, na anulação da dor, do luto e do sofrimento.

Em *Festa de Família* Vinterberg parece fustigar a velha e tradicional família patriarcal, rigidamente estruturada. Em *Happiness*, aparece a família mais "moderna", onde a estrutura patriarcal já não existe, se diluiu, se desmanchou. Não há a figura poderosa de um pai, todos estão mais ou menos no mesmo plano, em grande confusão. É interessante como isso se evidencia, como já disse, na própria estrutura formal dos dois filmes – *Festa de Família* seguindo um roteiro mais convencional, *Happiness*, optando por uma estrutura fragmentária e descentrada.

Por outro lado, essa polaridade evidencia importante problema referente às vicissitudes enfrentadas pela família em nossos tempos. Se a rigidez patriarcal é superada, nem por isso a atual organização parece trazer menos problemas.

Talvez para atrair maior bilheteria, *Happiness* foi classificado nos jornais como "comédia", o que é um erro grosseiro. Mas o tema pesado não impede que o humor se insinue nas situações as mais desesperadas, especialmente as que cercam Joy, uma moderna Pangloss. As risadas nervosas e deslocadas ouvidas na plateia são sintomas da angústia que está sendo levantada.

3) Quer seja no amargo depoimento de Vicki L. ou na trama dos dois filmes, estamos lidando com o decisivo papel que a família desempenha no aparecimento da loucura, do sofrimento psíquico. Essa visão tem importantes desdobramentos teóricos, fazendo parte da vertente psicogênica da etiologia dos transtornos psiquiátricos, tributária dos aportes psicanalíticos.

Na medida em que a psicanálise considera que o sujeito humano se constitui a partir de identificações com figuras primitivas, advindas das relações primeiras com os pais, a perturbação destas relações estaria na gênese da psicose e das doenças mentais em geral.

Entretanto, a abordagem psicanalítica da família, que poderia parecer um desdobramento natural e imediato de suas descobertas, teve uma evolução um tanto problemática e ambígua. Não há, ainda hoje, na formação do analista um estudo específico sobre a família e, de certa forma, os analistas que a ela se dedicaram, a começar com Nathan Ackermann nos anos 50 nos Estados Unidos, o fazem de forma um tanto marginal dentro da comunidade analítica.

Festa de família e happiness   81

Acredito que esta visão um tanto reticente da abordagem psicanalítica da família ainda persiste em função de elementos históricos.

Como sabemos, Freud abandonou sua "teoria da sedução", que enfatizava, na constituição dos sintomas, a importância da realidade externa (na maioria das vezes, uma realidade familiar, como mostrava a denúncia de sedução sexual atribuída aos pais pela histérica), substituindo-a pela realidade interna, pelas fantasias derivadas do Complexo de Édipo. Aquilo que era uma relação intersubjetiva passa a ser entendida como uma relação intrasubjetiva. Desde então o foco da psicanálise está centrado no mundo interno, no psiquismo do paciente e na relação transferencial que estabelece com o analista. A realidade da relação do paciente com sua família foi considerada irrelevante, desde que já interiorizada e reformulada em função de desejos e fantasias inconscientes.

Freud afastou-se do enfoque individual no final de sua obra, ao analisar a sociedade em *O futuro de uma ilusão, O mal-estar na cultura*. Mas, ao fazê-lo, não se detive na questão do parentesco, ou seja, a organização familiar.

O enfoque analítico da família tem sido retomado mais recentemente, levando em conta "o lugar, o papel e a função do parentesco alargado na sobredeterminação do Complexo de Édipo", como diz Pierre David[1]:

> É a prática psicanalítica das crianças e das psicoses que nos leva a perscrutar a genealogia. Nas crianças somos muitas vezes confrontados com a presença de duas ou três gerações (o filho, os pais, os avós). E a genealogia não é indiferente na gênese das psicoses.

---

1 DAVID, Pierre. *Psicanálise Família*. Prefácio de Françoise Dolto. São Paulo:Martins Fontes, 1977.

82   O psicanalista vai ao cinema

Em contrapartida, no tratamento clássico das neuroses, o parentesco alargado às vezes só muito pouco surge no discurso do paciente. É assim que a extensão das investigações e do leque terapêutico nos leva cada vez mais a examinar a complexidade das relações familiares e de parentesco. Por este caminho chegamos à convicção da sobredeterminação da situação edipiana de um indivíduo pela de seus ascendentes. Assim, o Complexo de Édipo assume novo relevo. Na realidade aparente da família contemporânea o parentesco alargado só indiretamente intervém. Acontece com bastante frequência uma família nuclear não manter qualquer relação com o parentesco alargado. Mas, em profundidade, o Édipo mal resolvido de um ou dos dois progenitores traz consigo a entrada em jogo desse parentesco. Veremos [...] que existe ruptura do triângulo edipiano quando um progenitor faz entrar o filho no jogo das suas próprias relações interiorizadas com os pais, escotomizando o cônjuge. A relação de parentesco alargado deveria ser apenas longínqua na vida do casal e permanecer somente enquanto respeito simbólico e laços afetuosos. Isso deveria estar garantido pela resolução do Édipo dos pais. É ao que chamo de "subjetivização" da relação de parentesco alargado. Raramente acontece. (p. 56)

A relação intrínseca entre o Complexo de Édipo dos pais com o dos filhos é assim posta por Françoise Dolto:

Na verdade são adultos (os pais) cuja relação pré-edipiana e edipiana com seus (próprios) pais não foi ultrapassada e cujos impulsos arcaicos recalcados despertaram em contactos com sua prole (filhos). Interdizem verbalmente à criança o prazer que continuam a obter à custa dela. (p. 17)

Ainda, na opinião de David, Laing e Cooper, ao criticarem o "isolacionismo psicanalítico no tratamento das psicoses e das crianças", forçou uma retomada do interesse dos psicanalistas no estudo da família.

4) A corrente organicista da psiquiatria entende que o psicótico é o "portador" de uma doença que não é compartilhada com sua família. Esta necessita apenas aprender a conviver, a lidar, a ter instrumentos para enfrentar momentos de crise e agravamentos etc., tal como faria com um queimado, com um hemiplégico, com um Altzheimer, com um diabético.

Essa postura teórica muito se afasta da visão que sustentam Vicki L., os filmes citados e os trabalhos analíticos sobre a família. Deles se depreende a existência de um complexo relacionamento familiar que é responsável pela nossa constituição como sujeitos. A família é o palco onde o drama edipiano se realiza com todas suas consequências normativas ou desviantes, podendo produzir diversas patologias, como a psicose.

Aqui o psicótico não é apenas o "portador" dentro de uma família sã. Aqui se pensaria em todo um padrão de relacionamentos conflitivos, onde os Édipos de diferentes gerações se confundem e misturam, com resultados desastrosos.

O estudo das famílias é um campo imenso e muito importante, que levanta grandes questões teóricas e práticas tanto para a psicanálise como para a psiquiatria.

Os idiotas

Os Idiotas (1998), de Lars von Trier, é mais um filme do grupo dinamarquês "Dogma", que preconiza a volta ao cinema mais despojado, desprezando as superproduções e os efeitos especiais possíveis com os orçamentos milionários e a alta tecnologia Propõe criações sem artifícios desnecessários, centrados num bom roteiro e excelentes atores.

A história de Os Idiotas é instigante. Mostra um grupo de jovens burgueses que, para agredir os valores convencionais, se fazem passar por retardados e deficientes mentais, divertindo-se em invadir espaços públicos e provocar reações nas pessoas.

Numa dessas invasões, num restaurante, uma mulher desconhecida que ali comia se deixa levar por eles, sem opor nenhuma resistência. É Karen. Fica na casa do grupo participando de suas atividades, exercendo uma tênue crítica, ao dizer-lhes que eles ridicularizam as pessoas e abusam de sua boa vontade. Depois de ouvir algumas vezes tais críticas sem retrucar, o chefe do grupo finalmente condescende em dizer que "são eles quem nos ridicularizam". Por duas vezes vemos Karen, às escondidas, fazer uma ligação telefônica, ficando em silêncio agoniado quando alguém atende do outro lado.

O grupo sofre pressões internas de ordem competitiva e sexual. Alguns se questionam quanto ao que fazem quando o ideólogo do grupo diz que "deve-se liberar o idiota que existe dentro de cada um".

O grupo começa a se esfacelar quando suas atividades se chocam com as responsabilidades profissionais e familiares de seus membros.

Numa tentativa desesperada de mantê-lo, o chefe radicaliza sua posição propondo que todos voltassem para suas famílias e trabalhos e ali se fizessem de débeis e loucos, o que implicaria um corte definitivo com as relações amorosas e sociais do passado, com a realidade externa e o fechar-se inteiramente na ideologia do grupo.

Para surpresa de todos, após fazer um tocante e inesperado discurso, apenas Karen aceita o desafio. Acompanhada de uma participante do grupo, vai até a residência de sua família, onde encena a loucura e posteriormente retorna ao que restara do grupo.

Várias interpretações são possíveis para compreender a atitude destes personagens.

Em primeiro lugar, devemos pensar sobre a motivação ou os objetivos das pessoas do grupo ao se fazerem passar por idiotas. Parece, em primeiro lugar, quererem desmascarar a hipocrisia, revelando – debaixo da atitude protetora e compreensiva frente aos deficientes – a repugnância, o preconceito, a rejeição com a qual, na maioria das vezes, são recebidos. Isso fica patente no comportamento do agente da prefeitura que propõe a mudança da "clínica" para outra vizinhança, para impedir a desvalorização dos imóveis ou da compradora da casa que imediatamente se descarta da possibilidade de ter tais vizinhos incômodos. Mas a visão maniqueísta por eles assumida não lhes permite apreender a efetiva compaixão que os retardados podem despertar em alguns e que pode vir dos lugares mais inesperados, como aquela dada pelos motoqueiros tatuados, que se desdobram em inimagináveis cuidados.

Sua postura ignora que as reações/relações afetivas independem de e transcendem as categorias econômico-sociais, por serem próprias da realidade psíquica do homem. Não podem ser colocadas como "burguesas". Podemos supor que culturas decorrentes de estruturas econômicas específicas deem aos afetos diferentes formas de expressão, mas só isso. A atitude frente aos débeis, como as demonstradas pelo filme, que vão da hipócrita condescendência até a efetiva compaixão, são universais.

Em segundo lugar, chama à atenção a atitude do grupo frente à dor psíquica, ao sofrimento. Ao simularem quadros clínicos graves, que incomodam, chocam e perturbam as pessoas, estariam tentando negar a existência real e efetiva da doença, da dor, dos impedimentos concretos que podem atingir alguém. Na medida em que brincam de estar doentes, tentam exorcizar o terror que as efetivas doenças e limitações neles despertam. Não só negam essa realidade, como projetam nos espectadores para os quais encenam a doença, a angústia que lhes é insuportável. Esse mecanismo de defesa do grupo contra a dor efetiva sofre um abalo quando seus membros se deparam, num determinado momento, com um grupo de autênticos débeis. Isso desencadeia um evidente desconforto em todos.

Os idiotas   **87**

A negação da dor psíquica faz com que não seja possível ao grupo a percepção da efetiva doença e sofrimento dos componentes do próprio grupo. Isso se evidencia em vários de seus membros, mas é mais explícita em Karen, cujo sofrimento real não é reconhecido como tal, e sim tomado como uma representação, como adesão às brincadeiras próprias do grupo, um se fazer de débil mental.

O grupo parece acreditar que fingir sofrer evita o efetivo sofrimento. Talvez seja esse o tema central do filme – o medo do sentir dor e as manobras maníacas para esconjurá-la. A autenticidade dos sentimentos, sem fingimentos, com ou sem uma superestrutura ideológica para justificá-la, é representada por Karen, que vive seus sentimentos de forma intensa e desamparada, sem nenhuma defesa. Na verdade, ao contrário dos demais, ela está totalmente submergida em seus próprios afetos.

Karen faz um contraponto necessário e esclarecedor dentro do grupo, onde prevalece a atitude lúdica de rejeição das regras impostas não pela sociedade e sim pela realidade, um não querer encarar o trabalho, a paternidade.

A realidade termina por cobrar seu preço. O grupo se desestrutura. Não é à toa que Karen passa a ter um papel decisivo neste momento. Seu discurso é surpreendente sob todos os aspectos. Sabemos que sua posição ali era periférica, apenas tolerada. No início vista como parte da "piada", uma louca que se deixa arrastar por um deles. Só passa a ser mais bem aceita quando equivocadamente entendem seu real sofrimento como uma adesão às brincadeiras da turma. Assim, ao dizer que nunca foi tão feliz como ali com eles, de nunca ter amado tanto, deixa explícito o deserto afetivo em que vivia, o nível de infelicidade que padecia até seu impremeditado ingresso no grupo.

Karen se sente bem ali por que não lhe fazem perguntas ou exigências, aceitam-na como ela se apresenta.

Talvez por ser a única que não falseia seus sentimentos, é somente Karen quem leva até as últimas consequências a experiência do grupo, indo até sua família e "enlouquecendo", "ficando retardada" ali. É ela a que leva a proposta subversiva às últimas consequências, destruindo os vínculos com a família e o passado, como preconizado pelo líder, ele que em nenhum momento abdica de seus privilégios burgueses e seus vínculos com a família, como se vê em seus contatos com o tio.

A visita à casa de Karen revela o motivo de seu desmoronamento psíquico, aquilo que a levara a fugir e se agregar àquele estranho grupo formado por desconhecidos. Sofrera uma perda devastadora, cujo luto não conseguia elaborar em meio a uma família gélida e indiferente. Estaria ela rompendo os vínculos familiares ao fingir-se louca e retardada, ou simplesmente estaria dando um ponto final a uma relação familiar há muito destruída?

Karen representa aquela que vive intensamente seus afetos e se deixa guiar por eles. Os companheiros do grupo, que tantas vezes lembram as comunas revolucionárias propostas por Cooper em sua luta contra o *establishment*, fingem a dor que não sentem, negam seus sentimentos. Fica então uma questão curiosa – qual das duas atitudes é a mais "louca"? Seria a de Karen, que se deixa arrebatar pelos sentimentos, ou a do grupo, que nega completamente os sentimentos, não entra em contato com eles? Qual atitude mais apropriada, a de Karen, que, levada pela emoção, a tudo destrói, rompendo com os vínculos do passado, ou a daqueles do grupo que terminam por voltar à "burguesia", à família e ao trabalho, entendendo que era hora de acabar a brincadeira e encarar a realidade, numa submissão a valores que aparentemente desprezam?

Talvez ambas as atitudes coincidam na dificuldade de integrar adequadamente os afetos. Karen se deixa dominar pelos sentimentos, ignorando qualquer ponderação possível, o que transforma sua vida num caos. As pessoas do grupo, pelo contrário, vivem numa situação *as if*, uma simulação onde ora se brinca de revolução, ora se brinca de "bom burguês acomodado", o que transforma suas vidas numa farsa, num falso existir esvaziado de sentido.

Como sempre, a verdade estaria no meio, o ideal seria nem se deixar levar inteiramente pelos afetos, nem negá-los inteiramente, mas temperá-los com a razão, o pensamento lógico operacional.

Formalmente, *Os Idiotas* de Lars von Trier usa a linguagem de um documentário amador. Há um uso abusivo da câmera na mão e de enquadramentos "errados" contra a luz, o que termina por ser um cacoete um tanto irritante para o espectador, possivelmente um efeito oposto o ao que o diretor pretendia provocar.

A trilha sonora, que é o comentário musical usado rotineiramente pelo cinema desde que passou a ter som e, por isso mesmo, com a qual estamos tão acostumados que até nos passa despercebida, é propositadamente eliminada nos filmes do grupo "Dogma". Só ouvimos o que efetivamente se passa na cena. Por isso mesmo, no final, a sofisticada e melancólica "O Cisne" de Saint-Saens, tocada de maneira singela por um instrumento de sopro, parece a música perfeita para encerrar esse desfile de antinomias do humano viver orquestrado por Lars von Trier.

Algumas observações sobre o filme *De olhos bem fechados*

(*Eyes Wide Shut*, de Stanley Kubrick, 1999)

Como sabemos, o filme *Eyes Wide Shut*, (*De Olhos Bem Fechados*), de Stanley Kubrick, está baseado no livro *Traumnovelle*, de Arthur Schnitzler, escritor austríaco contemporâneo de Freud, que muito o admirava. *Traumnovelle*[1] (*Romance de sonho*; em inglês, *Dream novel*) tem uma estrutura ambígua e onírica, onde realidade e sonho se confundem sem fronteiras definidas, o que faz com que os personagens (e leitores) muitas vezes não saibam se os acontecimentos ocorridos são reais ou imaginários..

Assim, seguindo a sugestão que o próprio autor nos fornece com o título e o estilo de seu livro, vou fazer uma leitura analítica do filme nele baseado, considerando-o como se fosse um sonho,

---

1   SCHNITZLER, Arthur. Dream Story. England: Penguin Books, 1999.

com "conteúdo manifesto" – que seria o enredo propriamente dito – e um "conteúdo latente" – que será o resultado de sua interpretação.

Antes de fazer um resumo da história, mostrarei um trecho de Elizabeth Roudinesco falando da relação entre Freud e Schnitzler, e dois outros, de Janik e Toulmin e de Gay sobre o momento sociocultural que é pano de fundo da obra de Schnitzler. Diz Elizabeth Roudinesco[2]:

> A morte, a sexualidade, a neurose, o monólogo interior, o desvelamento da alma, o suicídio formavam em Schnitzler a trama de um impressionismo literário, ao qual Freud foi tão sensível que expressou numa carta de 1922 o receio que lhe inspirava o encontro com o seu duplo: "Vou lhe fazer uma confissão que peço guardar só para você, em consideração a mim, e não compartilhar com nenhum amigo nem estranho. Uma pergunta me atormenta: na verdade, por que, durante todos esses anos, nunca procurei frequentá-lo e conversar com você [...]? Penso que o evitei por uma espécie de medo de me encontrar com meu duplo. Não que eu tenha tendência a me identificar facilmente com um outro ou que eu tenha desejado minimizar a diferença de talentos que nos separa, mas, ao mergulhar em suas esplêndidas criações, sempre pensei encontrar nelas, por trás da aparência poética, as hipóteses, os interesses e os resultados que eu sabia serem meus". Depois de observar que Schnitzler era, como ele, um investigador das profundezas psíquicas, Freud acrescentou: "Perdoe-me por recair na psicanálise, mas só sei fazer isso. Sei apenas que a psicanálise não é um meio para tornar-se amado".

---

2 ROUDINESCO, Elizabeth; PLON, Michel. Dicionário de Psicanálise. Rio de Janeiro: Jorge Zahar Editor, 1998. p.691.

Deixemos aqui sublinhado que é interessante que o próprio Freud relacione a vivência do duplo na sua relação com Schnitzler, pois esse tema, que foi por ele desenvolvido amplamente no ensaio "O Estranho", é de muita importância no *Traumnovelle* e no filme de Kubrick, como veremos.

Quanto à organização político-social na sociedade vienense, dizem Janik e Toulmin[3]:

> Em maio de 1913, foi descoberto que o subdiretor dos Serviços de Informação do Exército Imperial e Real, Alfred Redl, era um traidor e que a traição tinha sido motivada pela necessidade de financiar uma vida de deboche homossexual. [...] Pois o caso Redl ilustrava o aspecto falso e enganador de tudo na monarquia. Esse oficial, que fora elogiado pelo imperador, era um traidor. A guerra, a última coisa concebível para a mente burguesa, não estava absolutamente fora de questão. A evidência da homossexualidade nos altos escalões do exército – embora, de fato, fosse rara – agrediu no seu âmago a moralidade burguesa. Entretanto, o mais importante aspecto do Caso Redl não foi imediatamente óbvio. Aí estava o caso de um homem que triunfara *precisamente porque* pudera assumir uma máscara que encobria por completo sua verdadeira personalidade. Na sociedade habsburguesa como um todo, artificialidade e fingimento eram nesse momento mais a regra do que a exceção, e em todos os aspectos da vida o que importava eram as aparências e os adornos apropriados. Ninguém percebeu isso melhor, ou o retratou melhor em sua obra do que Arthur Schnitzler. (grifos do autor)

---

3 JANIK, Allan; TOULMIN, Stephen. *A Viena de Wittgenstein*. Rio de Janeiro:Campus, 1991. p.58-9.

Em relação à sexualidade em Viena, diz Gay[4]:

Neste gélido clima legal e político, mantido como era pelas atitudes culturais dominantes, as ambições das mulheres austríacas por educação e independência tinham de encarar um incontrolável ridículo. Sutilmente, esta atmosfera era alimentada pelas obras de ficção popular austríacas, entre os quais os contos dolorosamente eróticos de Arthur Schnitzler ocupavam um lugar especial. Era uma literatura transbordando de lindas mocinhas, na maioria das vezes provenientes das classes mais baixas – balconistas, garçonetes, dançarinas – vítimas deleitáveis, dóceis, quase sempre involuntárias dos jovens oficiais, calejados *bon vivants*, ou ricos e mimados burgueses que as exploravam para seus prazeres. Contos, novelas e peças mostravam a *süsse Mädel* como uma válvula de segurança necessária para as famílias de classe média e das classes superiores: fornecendo o prazer sexual que a jovem e respeitável mulher não ousava oferecer antes do casamento e mesmo depois muito raramente, elas resgatavam do colapso os casamentos e da neurose os machos sexualmente privados. Na verdade, Schnitzler, pelo menos, não estava traçando um painel esfuziante e despreocupado de uma Viena alegre e irresponsável, ele estava produzindo uma crítica mordaz de sua crueldade, dureza e hipocrisia. Mas leitores superficiais entendiam tal ficção como uma exuberante aprovação da preocupação de Viena com vinho, mulheres e música – especialmente com as mulheres. Essa calúnia, contra a qual Freud protestou energicamente, não ajudou a melhorar as perspectivas das feministas naquele país.

---

4   GAY, Peter. *Freud:* a life for our time. New York/London: Norton, 1988. p. 510.

Isto posto, vamos ao resumo do roteiro do filme de Kubrick, baseado muito fielmente no *Traumnovelle*.

O enredo gira em torno de um jovem casal da alta burguesia, um médico e sua mulher. Uma noite, vão para uma grande festa onde se separam momentaneamente, o que dá oportunidade para que sejam abordados sexualmente por possíveis parceiros, o que ambos rejeitam. O marido se afasta da mulher para buscar uma bebida. Ela é então abordada por um homem que a tira para dançar e insistentemente tenta seduzi-la. Enquanto dança, ela vê de longe o marido acompanhado por duas jovens. Em seguida o perde de vista, o que a faz pensar que ele se envolvera sexualmente com elas. A mulher ignora que nada ocorrera, o contato do trio fora interrompido pelo anfitrião, que pede socorro ao médico para avaliar uma prostituta que se drogara.

Ao chegarem em casa, comentam sobre a festa. A mulher pergunta ao marido se ele se envolvera com as mulheres. Ele explica o que sucedera. Ela insiste, indagando o que teria acontecido se o anfitrião não o tivesse chamado.

O marido responde de forma ambígua, apoiando-se no que seriam prerrogativas masculinas, socialmente aceitas. Diz que, caso tivesse acontecido algo devido a um forte desejo, isso em nada interferiria no casamento.

A mulher se irrita e pergunta o que ele pensa que ela acha disso. Ele diz que – em sendo ela mulher, casada, gozando de tanta comodidade – ter desejos sexuais extramaritais jamais passaria por sua cabeça, afinal ela é mãe de seus filhos. Abespinhada, ela diz então que no ano anterior, durante as férias, tivera uma intensa atração sexual por um determinado homem, tão poderosa que se ele tivesse feito qualquer aproximação, ela teria deixado tudo para segui-lo.

De olhos bem fechados   95

Essa inesperada confissão tem um efeito devastador sobre o marido. Sob o impacto da mesma, sai para atender um chamado médico. A partir deste momento, entra num clima oniroide invadido pelas imagens da hipotética traição da mulher e, neste estado, passa por várias situações sexuais frustradas (com a filha do cliente morto, a prostituta, a adolescente) até chegar à inesperada descoberta de uma sociedade secreta onde se praticam orgias sexuais ritualizadas. Desobedecendo todas as admoestações, consegue penetrar numa festa desta sociedade. É reconhecido por uma mulher, que o aconselha a fugir dali imediatamente, pois se for descoberto sua vida corre grande perigo.

Ele tenta fugir, mas antes de consegui-lo é detido, desmascarado, condenado a severas punições, das quais é poupado pela intervenção da mesma mulher que antes o avisara e que agora se oferece para ser punida em seu lugar. Após alguma hesitação tal permuta é aceita e ele é finalmente expulso do recinto.

No dia seguinte, tenta investigar o que teria acontecido. Depara-se com indícios de violências e assassinatos, que logo são desmentidos por aqueles que poderiam esclarecê-los. Mais uma vez lhe é dito para abandonar sua curiosidade, pois pode meter-se em grandes dificuldades, desde que ignora os poderes que está afrontando. Tal sociedade secreta é frequentada por "grandes homens", pelas mais importantes personalidades imagináveis. Atordoado, volta para a mulher que o tranquiliza.

Considerando, como já disse, esse enredo como o "conteúdo manifesto", vemos de imediato a extraordinária importância da sexualidade. É ela que move toda a trama. É o que desencadeia a crise do casal, o que – por sua vez – leva à descoberta central e escandalosa de uma sociedade secreta frequentada pelos altos escalões do poder, onde se promovem orgias ritualísticas. A existência desta sociedade secreta é a evidência-mor da perversão e corrupção dos "grandes homens", daqueles que deveriam ser os bastiões da moralidade pública. O Caso Redl seguramente é um ingrediente nesta composição. Não deve ser à toa que o próprio ritual e os oficiantes máximos da orgia lembram um pouco os ritos e os emblemas dos altos dignatários da Igreja Católica. O baile de máscaras é um significante da hipocrisia geral.

Quanto ao conflito do casal, Schnitzler mostra uma atitude radical ao defender a sexualidade feminina. A mulher do médico, ao confessar sua fantasia, reivindica direitos iguais frente à vida sexual. Isso desestrutura o marido, impelindo-o a uma busca de reafirmação sexual nos episódios insólitos já relatados.

Ao final de tudo, estando ele confuso e desorientado, a mulher se revela o elemento mais forte do casal. É ela quem o ampara, ao dizer que devem considerar-se pessoas de sorte por terem sobrevivido às próprias fantasias sexuais. Ao agir assim, procura integrar em suas consciências e na vida em comum aquilo que até então estava cindido, negado, reprimido ou projetado.

Qual seria o possível conteúdo latente deste sonho-novela? Talvez possamos rastreá-lo na intensidade da reação do médico à confissão da mulher.

De certa forma, essa confissão tem uma clara conotação de vingança agressiva ciumenta, uma retaliação por ter a mulher se sentido traída na festa.

Assim, a confissão atinge seus objetivos vingativos, pois causa uma imensa ferida narcísica no marido. Mas não se pode reduzi-la a esta dimensão de vingança ciumenta. Ela reafirma a presença de um desejo próprio, até então ignorado pelo marido.

A ferida narcísica sofrida por ele tem uma consequência imediata, mais evidente e superficial. Ele sai e procura também uma vingança. Se a mulher pode traí-lo, ele se sente autorizado a fazer o mesmo.

Mas essa ferida narcísica tem implicações mais profundas que o simples desejo de vingança: ao ouvir a confissão da mulher, o marido é envolvido pela sensação de "estranho", do *Unheimilich*. Ele não pode reconhecer sua mulher naquela que lhe diz coisas tão inusitadas. Sua mulher, que lhe era tão familiar, parece uma estranha, uma mulher nunca vista, uma desconhecida. Esse estranhamento profundo, esse desencadear da vivência do estranhamente familiar, do se deparar com algo simultaneamente familiar e estranho, são as impressões que acompanham – como Freud diz – a emergência do desejo inconsciente, da fantasia reprimida. Aparece quando algo que devia permanecer oculto vem à luz[5].

Para o marido, é o reprimido que retorna, evocado pela fala da mulher. Ao tomar conhecimento das fantasias eróticas dela, o marido é invadido por fortes sentimentos de ciúmes e de exclusão e regride, reatualizando – naquele momento – dolorosas vivências do passado ligadas a sua sexualidade infantil, à descoberta da sexualidade da mãe, dos pais, dos adultos, sexualidade da qual está irremediavelmente excluído.

Essa hipótese permite entender toda a sequência oniroide noturna que dá seguimento à ação do personagem – o encontro com a filha do paciente, com a prostituta, com a adolescente da loja, com o baile de máscaras, com a sociedade secreta – sequência que se desenrola dentro de um clima totalmente marcado pela estranheza, pelo *Unheimlich* e onde a sexualidade impera.

Assim como o marido inadvertidamente deu-se conta dos desejos sexuais da mulher, da mesma forma descobre que há uma sociedade secreta onde os "grandes homens" têm suas práticas sexuais. Fica ele tão obcecado com a imagem da mulher-mãe

---

5   FREUD, Sigmund. O Estranho. *Obras Completas de S. Freud*. Vol. XVII. Rio de Janeiro: Imago,– 1976. p. 301.

tendo relações sexuais, quanto com a descoberta da sociedade secreta. Está como a criança que descobre que os pais têm vida sexual, que os adultos todos têm vida sexual. Sob o prisma infantil, *efetivamente existe* uma "sociedade secreta" sexual, da qual ele não tinha conhecimento e estava excluído, situação na qual se encontra toda criança.

Visto assim, compreendemos que a cena da orgia ritual na sociedade secreta é uma representação onírica da cena primária, do coito entre os pais, objeto de grande apelo voyeurístico. O marido tenta participar, mas é reconhecido e impedido. Sua expulsão da orgia onde estão os "grandes homens" – entenda-se "os pais", os "adultos" – é uma repetição da dolorosa castração, da exclusão necessária frente ao coito paterno.

Os vários episódios que circunscrevem a orgia e a sociedade secreta, que envolvem agressões, violências, ataques, assassinatos são representações do clima estranho, mesclado de sexualidade e violência, que é próprio das versões infantis da cena primária, das fantasias edipianas mais arcaicas.

A ligação entre a confissão da mulher e a regressão que o marido faz, reatualizando a exclusão frente à mãe, fica evidente no livro, onde por duas vezes as vivências de estranheza experimentadas pelo personagem são referidas à figura de sua mãe, à sua morte.

A primeira diz respeito ao momento em que é assediado pela filha cujo pai está no leito de morte. Tal fato o faz lembrar-se de um caso no qual um adolescente que velava o corpo da mãe fora seduzido ali mesmo pela amiga da mãe que viera para o velório (p. 18).

A segunda é quando chega exausto em casa depois de ter sido expulso da orgia e sua mulher lhe conta um sonho que evoca o que ele tinha acabado de vivenciar. Constata então que não

De olhos bem fechados   **99**

dormia há muitas horas e recorda que uma única vez sentira-se assim antes, justamente no dia do velório de sua mãe (p. 69).

Uma possível interpretação é que – no momento em que toma conhecimento de que a mãe tem uma vida sexual, momento este reatualizado com a confissão da mulher – ele perde a fantasiada posse exclusiva da mãe. Neste sentido, a mãe "morre" ou é assassinada por ele em função de seu ódio ciumento edipiano. Mas, de certa forma, recupera a mãe boa na figura da mulher mascarada que o avisa do perigo que corre e que se oferece para ser sacrificada em seu lugar.

É interessante essa situação, pois ao ser condenado por presenciar a cena primária, ele escapa pelo sacrifício da mulher. É como se, desta forma, ainda tentasse se imiscuir no coito paterno, entendendo-o como um sacrifício que a mãe faz para salvá-lo, submetendo-se ela à "castração" realizada pelo pai. Dizendo em outras palavras, para ele os pais não estão tendo uma prazerosa relação sexual da qual está excluído. Na verdade, a mãe se submete ao sadismo do pai para salvá-lo. É uma forma de tentar manter sua relação amorosa exclusiva com a mãe.

A sensação de estranheza está presente em todo o visual do filme. Podemos dizer que Kubrick consegue a proeza de colocar a Viena de quase um século atrás na Nova York de hoje, que aparece soturna, em imagens lúgubres, escuras, misteriosas. Os ambientes internos, como na festa, nos bares, nas residências, têm aquela opulência pesada e sufocante *fin-de-siècle*.

Uma outra proeza de Kubrick é entender a atualidade do enredo de Schnitzler. Isso é particularmente pertinente quando lembramos que vivemos um momento de grande liberação dos costumes, onde a repressão social sobre o sexo é infinitas vezes mais leve do que era na Viena de Schnitzler. Isso poderia levar os mais apressados a concluírem que o sexo hoje é o que mostram as

100   O psicanalista vai ao cinema

fitas pornográficas – um mero e incansável exercício aeróbico, que nada exige além de preparo físico. Ao retomar Schnitzler, Kubrick nos lembra que a sexualidade humana está revestida por uma dimensão simbólica que a afasta da mera animalidade instintiva. Na Viena *fin-de-siècle*, em Nova York hoje, em qualquer lugar do mundo, em qualquer época, os relacionamentos amorosos através dos quais se expressa a sexualidade humana são complexos e difíceis, determinados que são pela fantasia e pelo desejo inconsciente.

É verdade que os costumes sociais mudam no tempo, mas as estruturas psíquicas não desaparecem, os conflitos entre o desejo inconsciente e a cultura permanecem. O que muda é a expressão sintomática destes conflitos. Se na Viena *fin-de-siècle* a histérica poderia desmaiar ao ouvir a palavra "pênis", a histérica de hoje em Nova York tem vida sexual livre. Mas continua tão frígida quanto sua irmã que vivia há cem anos em Viena. O acesso ao prazer continua sendo um árduo e difícil trajeto a ser penosamente descoberto por cada um.

Schnitzler mostra uma mulher, mãe, com desejos sexuais tão fortes quanto os do homem, o que provoca um certo escândalo, é algo estranho na Viena de quase cem anos atrás. Kubrick, ao mostrar a mesma história hoje, provocará reações muito diferentes daquelas suscitadas por Schnitzler?

Tudo sobre minha mãe (e nada sobre meu pai)

Não é possível abordar analiticamente o último filme de Almodóvar (1999) sem antes fazer menção a suas grandes qualidades estéticas. Todos que seguimos seus filmes, reconhecemos em *Tudo Sobre Minha Mãe* a expressão de sua plena maturidade como criador.

A beleza dos enquadramentos, dos cortes, dos cenários cuidadosamente escolhidos, a perfeita direção dos atores, a propriedade com que maneja o tom dramático sem resvalar para o sentimentalismo barato, tudo surpreende a quem estava acostumado com seus excessos, com a caracterização um tanto caricatural que costumava dar a seus personagens, com o forte apelo ao kitsch mais espalhafatoso. O elaborado roteiro, por sua vez, tem uma riqueza intertextual, na medida em que dialoga com o filme *All about Eve*, de Joseph L. Mankiewicz e com a peça *Um bonde chamado desejo*, de Tennessee Williams. Suas histórias se interpenetram, criando um jogo de referências, organizando – como se explicita nos letreiros que aparecem no final da apresentação – uma homenagem ao teatro, ao cinema e à profissão de ator, que, através do fictício, do irreal e da representação, produzem uma verdade que de outra maneira não nos atingiria.

Grosso modo, o filme gira em torno da morte de um adolescente fascinado por uma grande atriz. No dia do seu aniversário de 17 anos, ele pede à mãe para ir ao teatro ver uma famosa atriz no papel de Blanche Dubois, de *Um bonde chamado desejo*. Logo fica claro como o adolescente se ressentia muito da falta do pai. Ele escreve em seu diário tocantes declarações neste sentido, afirmando que algo de muito importante faltava em sua vida, tal como faltava a metade de todos os retratos dos quais a mãe eliminara a presença do pai. Os dois vão à peça e ele diz diretamente para a mãe que queria saber tudo sobre o pai, coisa que a mãe promete fazer logo que cheguem em casa. Ao saírem do teatro, ele persegue a atriz em busca de seu autógrafo e morre atropelado, o que, é claro, impede a mãe de cumprir o que prometera.

Algum tempo depois, sua mãe faz uma viagem de Madrid a Barcelona para encontrar o homem que a engravidara anos antes e que até então ignorava a existência deste filho agora morto. Nesta viagem, envolve-se com a tal atriz que está levando a mesma peça, agora para Barcelona. Na procura do pai de seu filho, pede ajuda a um amigo transexual, que a leva a um lugar onde poderiam obter informações. Trata-se de uma instituição religiosa que dá assistência a desamparados, entre eles os transexuais. Ali conhecem uma freirinha, que se declara engravidada por um outro transexual, que vem a ser a pessoa que procuravam.

Uma primeira leitura mostraria o filme como a descrição do trabalho de luto no qual a mãe se vê mergulhada: a elaboração da dor frente à morte do filho, dor possivelmente ampliada pela culpa de não ter percebido o que soubera somente pouco antes de sua morte – o quanto ele sofria pela ausência de informações sobre o pai, sofrimento que ela inadvertidamente lhe tinha infringido. Sua viagem para Barcelona teria uma conotação reparatória, por sentir necessidade de corrigir outro erro, pois assim como não tinha falado para o filho sobre o pai, também deixara o pai na ignorância deste filho.

Uma outra leitura enfocaria necessariamente os problemas que giram em torno da sexualidade, das diferenças de gênero sexual. Neste ponto é importante salientar a forma como Almodóvar caracteriza o personagem do filho adolescente, pois ela está rigorosamente conforme a teoria psicanalítica ao mostrar a importância do pai como representante da Lei, que impõe o corte da relação incestuosa com a mãe e como modelo de identificação para o filho, elementos fundamentais para a constituição adequada do sujeito e sua definição de gênero sexual.

O jovem adolescente se ressente da falta de pai, diz que a mãe não pode privá-lo do direito de conhecê-lo, seja ele quem for. Como um eco do ressentimento do adolescente, há no filme inteiro uma ausência de figuras paternas. Os homens que ali aparecem são figuras inconsistentes ou inadequadas, como o velho pai de Rosa, totalmente demenciado; como Kowalski, o brutal e violento personagem da peça de Tennessee Williams ou como o próprio pai transexual.

É significativo que o adolescente morra na noite de seu 17º aniversário, quando finalmente pode dizer à mãe de seu desejo de conhecer o pai, da falta que este lhe fazia. Que ele morra antes de tomar conhecimento da figura do pai e a forma como isso se dá – correndo atrás da grande diva, da grande atriz por quem é fascinado – mostra a impossibilidade de ter acesso à castração simbólica, por estar inteiramente enredado, fixado e fundido com a mãe, uma Mãe idealizada da qual é um apêndice, o falo – consequentemente, da qual não pode se separar sem morrer. Assim, sua paixão pela atriz seria um deslocamento de sua ligação narcísica com a mãe.

Sua morte pode ser entendida como símbolo da impossibilidade de ter ele acesso à própria subjetividade e masculinidade, impossibilidade decorrente da ausência da figura paterna com a qual – como dissemos há pouco – poderia se identificar, e que lhe tornaria possível romper a ligação narcísica com a mãe.

Lembremos que a mãe manteve-se ligada ao pai de seu filho quando ele já tinha um par de tetas, ou seja, depois das intervenções que o tinham transformado num transexual. Isso dá evidência das dificuldades que a mãe apresentava, ela mesma, em aceitar a castração simbólica, fazendo com que sua sexualidade não atingisse plenamente a feminilidade.

Se as figuras masculinas são frágeis e inconsistentes, as femininas são o oposto. O filme é dominado por fortes mulheres fálicas. São mulheres dominantes, dominadoras, agressivas, decididas, bissexuais. De certa forma, são figuras pouco aptas como suportes identificatórios.

Há um certo enigma no próprio título do filme, *Tudo Sobre Minha Mãe*. Explicitamente é uma das muitas citações que Almodóvar faz do *All about Eve* (*Tudo sobre Eva*), o filme que o adolescente e a mãe estão vendo no início. Também o filme de Mankiewscz tem um título enganador, pois, ao invés do que ele permite supor, o personagem central, sobre quem saberíamos "tudo", não é Eva, a ambiciosa e traidora atriz iniciante que rouba o papel de Margot Channing, a grande atriz interpretada por Bette Davis, que é o personagem central do filme.

Quem seria o personagem principal do filme de Almodóvar? À primeira vista, seria a mãe do adolescente, pois é quem comanda as ações no enredo. Mas o título implica um sujeito, alguém que está falando de sua própria mãe, e a mãe do adolescente não tem esta preocupação, assim como nenhum outro personagem. Só nos resta o próprio adolescente, ainda mais que a única frase dita no filme que se assemelha ao título é seu pedido à mãe para que ela lhe diga "tudo sobre meu pai". Haveria assim uma sutil ironia, pois ele que queria saber "tudo sobre meu pai", dele nada soube, mas acreditava talvez saber "Tudo Sobre Minha Mãe", o que também não era verdade.

Isso nos permite pensar que o personagem principal do filme, aquele em função de quem a trama se organiza, é exatamente o adolescente morto. Ele é o sujeito do título. Assim, tal como o filme de Mankiewicz, o de Almodóvar tem um certo descentramento.

A castração simbólica enquanto processo constitutivo possibilita a perda da onipotência bissexual infantil, o que leva, por sua vez, a uma identificação de gênero condizente com o próprio sexo biológico. Frente a esta questão central, Almodóvar se mantém ambíguo. Por um lado, mostra a morte do adolescente como uma forte metáfora das graves consequências da impossibilidade de aceder a essa castração (ou, pelo menos, criou algo que assim pode ser interpretado, como o fiz). Por outro, nega a castração, exaltando a condição da homo, bi e transexualidade.

Como todo esse entrecho teoricamente gira em torno da problemática do falo, podemos levantar uma interpretação para a menção aos transplantes de órgãos doados por moribundos, com o qual o filme começa. A compreensão mais imediata diz respeito a uma clara menção ao fluir da vida e da morte; enquanto uns morrem, a outros é dada uma segunda chance de viver. Uma interpretação mais especulativa poderia propor que a presença dos doadores e receptores de órgãos faz referência a fantasias de negação da castração, sendo o falo um órgão então transplantável e implantável ao bel-prazer de cada um.

Importante enfatizar a unânime aceitação e aclamação deste filme de Almodóvar, inclusive na própria conservadora e machista Espanha. Isso é claramente um sinal dos tempos a indicar importantes mudanças na moralidade sexual social, uma maior abertura da sociedade frente a modalidades sexuais que até há muito pouco tempo eram completamente reprimidas, ignoradas, negadas, suprimidas, e até mesmo inexistentes, pois a endocrinologia e as técnicas cirúrgicas tornaram possíveis intervenções no próprio corpo até recentemente inconcebíveis.

Como a soar o grave tom da compulsão à repetição, o filme termina com a mãe agora tomando conta do filho da freirinha morta. Mais um filho criado pelas mulheres, sem figuras paternas...

Anotações acerca de *American Beauty*

Ver o filme *American Beauty* (1999), de Sam Mendes (diretor) e Allan Ball (roteirista) como uma crítica sociopolítica dos dias de hoje dos Estados Unidos é uma visão redutora e empobrecida de uma obra que tem características universais. Claro que, em sendo situada nos Estados Unidos, inevitavelmente trará características da cultura daquela sociedade, mas a problemática de fundo transcende os limites da geografia. As infelicidades domésticas, as loucuras familiares não são privilégio do povo americano nem características específicas do nosso tempo.

Tal como em *Brás Cubas*, de Machado de Assis, *American Beauty* trata das "memórias póstumas" de Lester Burnham, interpretado por um Kevin Spacey em grande atuação. Ele é um homem de meia-idade que, ao ser despedido do trabalho, sofre uma forte crise de identidade. Regride a um comportamento adolescente – recusa-se a procurar um emprego condigno, vai trabalhar numa lanchonete, passa a fumar maconha e a ouvir os discos de sua juventude, fazendo fantasias sexuais com uma amiguinha de sua filha, à quem procura impressionar fazendo musculação.

Poderíamos considerar o filme uma sinfonia em torno da meia-idade. Uma passagem difícil por ser aquela em que fica mais evidente que muitas das exigências do ideal do ego são irrealistas. Não é mais possível manter a ilusão de que elas se concretizarão no futuro, pois este já chegou e não trouxe o que era esperado. Daí as feridas narcísicas, a depressão por não poder alcançar o que o ideal do ego exigia.

Mas *American Beauty* mostra que não é só a meia-idade que é uma passagem difícil, a própria vida é uma passagem difícil. Lester, ao ver a filha adolescente insegura e temerosa, tenta dizer-lhe que "é da idade", que depois "isso passa". Mas desiste porque não é verdade que "isso passa". Crescemos, viramos adultos e continuamos inseguros e com medo. Cabe a cada um achar a forma de conviver com isso.

Assim, o filme mostra um grande painel das dificuldades da vida em família e em sociedade. Um marido se masturba no banho matinal porque há anos não tem vida sexual com a mulher. Uma mulher insatisfeita e ambiciosa, que se recusa sexualmente para o marido, tenta seduzir homens que considera mais poderosos e importantes. Um outro marido tirânico e autoritário esconde escabrosos segredos de uma homossexualidade não assumida enquanto impõe ordem e disciplina a uma mulher completamente anulada e a um filho que pensa conhecer. A grande barreira de contato entre adolescentes e pais, temporariamente transformados em estranhos uns para os outros, o fosso entre as gerações só vencido através de um lento trabalho amoroso. As incertezas e sofrimentos da adolescência compensados pela rebeldia, pela mitomania, pelo comportamento *as if*. As relações entre vizinhos, tipicamente regidas pela projeção, desde que eles, pela proximidade física e social, se adéquam perfeitamente à função de depositários daquilo que em nós mesmos nos é insuportável e inaceitável. O medo, a desconfiança, o ódio, a loucura, mas também o amor e a beleza, a presença da arte.

O que vemos em *American Beauty* são cenas universais, humanas, onde os relacionamentos pessoais e familiares são exibidos sem hipocrisia. A mulher de Lester não seria por acaso uma edição atualizada e americana de Madame Bovary?

O filme mostra como nossas sociedades urbanas modernas leigas organizam a busca da felicidade. Como esta é confundida com a posse de bens materiais, com o consumo, a exibição de poder e prestígio social. Não está implícita nesta afirmação nenhuma nostalgia pela falácia religiosa, que promete o paraíso na vida eterna. Pelo contrário, como diz Freud em *O mal-estar na civilização*, talvez a felicidade humana consista em poder tolerar a perda do narcisismo (onipotência), aceitar nossas limitações e fazer o melhor possível com elas, vivendo o momento presente longe da compulsão à repetição que eterniza o passado em permanente presentificação, a isso acrescentando-se a capacidade de entender a constante insatisfação estrutural que o desejo provoca, pois ele corre e jamais se satisfaz.

Se *American Beauty* expõe as dificuldades e impasses da vida, também mostra que ela não se reduz a isso. Embora o próprio Lester aja nesse sentido, o personagem do jovem vizinho cristaliza mais esta vertente. Ele está permanentemente filmando com uma *camcorder*. Poderíamos entender isso como uma impossibilidade defensiva de entrar em contato direto com a realidade. Em muitos momentos vemos como prefere ver a namorada através da câmara do que olhá-la diretamente. Ou podemos vê-lo como uma metáfora da posição do artista, aquele que está permanentemente vendo a realidade através de sua sensibilidade especial, reconstruindo-a e recriando-a com sua arte. A arte é o filtro que tudo marca e registra, que resgata da dissipação do tempo a beleza que existe apesar de tudo, visível para alguns. Também ele encarna o mito do artista que manipula a loucura da sociedade sem se se deixar por ela corromper. É muito interessante que o jovem tenha um interesse que poderia ser considerado mórbido pela morte (filmou um mendigo morrendo congelado, sem se preocupar em salvá-lo; filma uma ave morta; interrompe sua caminhada para ver passar um cortejo fúnebre; encanta-se com a imagem final de um morto em sua poça de sangue). Ele diz que é como ver com o "olho de Deus" o captar essa estranha beleza da vida que às vezes chega a ser-lhe insuportável. É significativo que a fala final de Lester, que nos fala do além, repete quase literalmente suas palavras. É como se somente depois da morte, ou com a morte, pudesse ele atingir a compreensão que o artista tem em vida, sua capacidade de criar, de captar a beleza, seja onde ela estiver.

American Beauty, muito mais que uma denúncia do sistema capitalista, é um hino de amor à vida. A fala final do personagem é taxativa. Se a vida tem sua sordidez, sua mesquinharia, sua loucura, sua destrutividade, tem também amor e uma beleza que às vezes chega a ser insuportável para aqueles que podem observá-la. Apesar de tudo, mantém-se a esperança na arte e na lealdade, no amor que se renova no jovem casal que parte para uma mítica Nova York. É a saga humana que recomeça. Se os pais fracassaram – e teriam eles fracassado? – a promessa é mantida e revivida nos filhos que recomeçam o sonho.

American Beauty reforça os valores humanos da existência e nos lembra que nada nos resta senão viver, pois a alternativa é o nada.

Questões ligadas a problemas de gênero sexual e travestismo em três filmes

(*Quero ser John Malkovich*, *Meninos não choram* e *Tudo sobre minha mãe*)

"Anatomia é o destino", dizia Freud, referindo-se a esse dado com o qual a natureza nos confronta – a existência de dois sexos, o que sela de maneira implacável e inapelável a identidade de cada um. O travesti é a esfinge que expõe o enigma da diferença sexual e contra ele se rebela.

Freud nos ensina que o reconhecimento da diferença anatômica entre os sexos é momento decisivo na organização do psiquismo humano, momento que ocorre na infância e nos marca para sempre. Tal reconhecimento transcende a mera observação de um dado biológico. Ter ou não ter um pênis tem um significado muito mais amplo, pois essa constatação não é entendida pela compreensão infantil como uma *diferença* e sim com o *resultado de uma mutilação* – já realizada nas meninas e em estado de permanente ameaça para os meninos. Essas fantasias foram teorizadas por Freud – num contexto mais amplo – como "Complexo de Édipo" e "complexo de castração", atribuindo-lhes um caráter eminentemente constitutivo, simbólico e estruturante.

A criança tem como primeiros objetos de amor seus pais, aos quais vai ligar-se apaixonadamente, independente de seu próprio (dela, criança) sexo. Essa é a raiz da bissexualidade do ser humano. O poder amar os homens (como o pai) ou as mulheres (como a mãe).

Entretanto, a criança deve abdicar destes primeiros objetos de amor e encontrar seu caminho para outros objetos com os quais estabelecerá uma relação exogâmica. O menino deve abdicar do amor à mãe pelo temor à castração que o pai poderia infligir-lhe. Pelo mesmo motivo deve abdicar do amor ao pai, pois, se o mantivesse, teria de abdicar de seu próprio pênis, deveria castrar-se para amá-lo. Em ambos os casos, por amor ao próprio pênis, abdica desses amores incestuosos. A menina se descobre castrada – sem pênis – o que a faz afastar-se raivosamente da até então muito amada mãe, por julgar que ela a privou desse órgão tão importante. Volta-se então para o pai, na esperança de que este a dote de um pênis próprio, desejo transformado em receber o pênis do pai ou um filho seu, o que abre caminho para uma escolha de objeto não incestuoso, fora de casa.

De maneira sintética, estamos descrevendo os momentos decisivos dos "Complexos de Édipo" e de "castração", que desaparecem deixando em seu rastro importantes identificações com o pai e com a mãe, que vão definir a identidade sexual do sujeito, que, por sua vez, pode coincidir – ou não – com o sexo biológico do mesmo.

Vê-se, pois, que ser homem ou mulher não é uma simples definição biológica natural, como se poderia conceber ao falar de um animal macho ou fêmea. A sexuação no ser humano é um longo e tortuoso processo sujeito a inúmeros percalços, com muitos possíveis entraves, retardamentos e desvios.

Atravessar este processo do Édipo e da Castração são tarefas inevitáveis para todos nós e cada um passa por eles como pode, com maior ou menor sucesso. Para os adultos, que supostamente aceitaram castração simbólica, reconhecendo limitações e diferenças, o travesti traz a rebeldia de se aferrar a um momento especial da vida infantil, aquele que, frente à constatação das diferenças sexuais, se recusa a aceitá-las, provocando com isso profundas consequências em sua identidade sexual. O travesti mantém a crença infantil, afirma que somos todos iguais, todos – homens e mulheres – temos pênis. Com isso evita o terror que a castração representa, dribla o pavor que tivemos de arrostar. Ele diz que não há ameaça de castração porque não existe castração. Esta negação ecoa dentro de cada um de nós, em nossas vivências infantis.

O leitor leigo ao ler tudo isso poderá ter uma sensação de estranheza, não reconhecendo em suas próprias lembranças da infância nada que, nem de longe, pareça com o que aqui é descrito.

O leitor está parcialmente correto, dado que o aqui relatado, ocorrido no passado, caiu sob repressão no inconsciente, desaparecendo da consciência e só fazendo emergências nos sonhos, nos atos falhos e nos sintomas tão frequentes na prática analítica e ainda nos mitos e produções artísticas.

Quero ser John Malkovich, Meninos não choram e Tudo sobre minha mãe

Se considerarmos a arte como uma ilusão, uma recriação artificiosa da realidade que, não obstante, revela uma verdade antes desconhecida, iluminando-a e tornando-a mais compreensível, quem sabe o travesti possa ainda ser visto como uma espécie de artista, o mais radical deles, aquele que realiza sua obra em seu próprio corpo, recria seu espetáculo diuturnamente, num *happening* feérico, frenético, louco, fascinante, no qual se revela uma verdade psicológica, que é o desejo de negar toda limitação humana, a finitude, a morte, simbolizados na recusa à castração.

Tirando a dimensão escandalosa que cerca o travesti, poderíamos estender o que falamos sobre ele para qualquer sintoma neurótico ou psicótico. A angústia e a revolta pela condição humana, com suas limitações de vida e de morte, com as servidões que a natureza nos impõe, têm sido poderoso motor para a execução das maiores obras que a humanidade tem produzido, no desejo de imortalidade, de permanência, de deixar marcas no tempo. Neuróticos, psicóticos e perversos, em seu apegar-se ao infantil, à onipotência, à negação das imposições da realidade e ao se rebelarem contra ela, não deixam de estar expressando, de maneira talvez degradada, particular, truncada, indecifrável (a não ser para o analista), esta angústia que é própria do ser humano.

As questões colocadas pelo travestismo – também chamado de "transtornos de gênero" – foram abordadas em registros narrativos e enfoques diferentes em três filmes - *Quero Ser John Malkovich* (*Beeing John Malkovich*,1999, de Spike Jonze); *Meninos não Choram* (*Boys don't cry*, 1999, de Kimberly Peirce) e *Tudo Sobre Minha Mãe*, 1999, de Almadóvar).

Ao tom leve de inteligente comicidade de *Quero Ser John Malkovich* ou à estreita linha que Almodóvar consegue manter entre o pastelão e o melodrama em *Tudo Sobre Minha Mãe* se contrapõe o clima *dark* de *Boys don't cry*, a história verídica de Teena

Brandon, a adolescente que se faz passar por rapaz, sonhando com a operação que lhe mudaria o sexo.

Como expus acima, em *Tudo Sobre Minha Mãe* pode-se detectar, de forma mais ou menos esquemática, elementos importantes na gênese do travestismo e do transexualismo, na medida em que se evidencia a relação fusional mãe-filho que, ao driblar a castracão simbólica, desencadeia graves consequências. Stoller[1], baseado em sua prática clínica, propõe uma simples e esclarecedora equação que deveríamos ter em mente: "mãe de mais, pai de menos = feminilização; pai de mais e mãe de menos = masculinização".

Se os conflitos de identidade de gênero são uma decorrência de determinadas configurações familiares, como aponta a simples equação de Stoller, deveríamos ampliar a questão no sentido de reconhecer a extraordinária importância das relações intersubjetivas familiares na própria constituição do sujeito.

Em *Boys don't cry*, pouco sabemos da família de Teena. Como espectadores, já encontramos a situação montada com os impasses dilacerantes com quais ela tem de se haver. Embora se passe nos estratos mais pobres da sociedade americana, o filme dá bem a noção do sofrimento daqueles que têm tão grandes distúrbios para aceitar seu próprio sexo biológico a ponto de negá-lo e procurar assumir uma falsa identidade, o que provoca reações de grande violência em seu meio social.

Em *Tudo Sobre Minha Mãe* o transexual é apresentado como uma pessoa quase sem conflitos com o meio. Talvez nisso resida um dos encantos do filme de Almadóvar, pois assim fica negado o lado negro, psicótico, gerador de incontroláveis violências. Em *Quero Ser John Malkovich* a questão da mudança de gênero

---

1   STOLLER, Robert. *Masculinidade e feminilidade*: apresentações de gênero. Porto Alegre: Editora Artes Médicas, 1993. p.24.

sexual vem envolta num brilho sofisticado de comédia inteligente, onde ela é apenas um dos aspectos mais amplos dos conflitos de identidade – ali está em jogo não apenas o "sou homem ou sou mulher?" e sim "eu sou (existo) ou não sou (existo)?". Em *Boys don't cry* usa-se um discurso mais realístico, que mostra a extrema rejeição que o transexual suscita no meio, colocando-o como alvo de uma radical agressividade.

No que diz respeito à diferença dos sexos, todos tivemos de abdicar da onipotência e aceitar limitações no próprio corpo, reconhecer o outro e o diferente, coisa que o travesti se recusou a fazer. Não seria esta a razão da rejeição, do preconceito, da violência contra eles? Será que não perdoamos a ousadia com a qual desobedeceram a uma lei que nos subjugou a todos? O paradoxal é que o travesti, que se recusa a reconhecer a diferença, termina por ser o diferente e, por este motivo, sofre os ataques e a exclusão.

Quero Ser John Malkovich é a abordagem mais original e complexa do tema. O manipulador de marionetes, o controle dos outros, o poder entrar na cabeça dos outros, o ser outra pessoa, o poder ter outro sexo, o poder realizar fantasias sexuais femininas num corpo masculino e vice versa, é uma brincadeira ágil com as possibilidades polimorfas da sexualidade, além de ser uma interessante metáfora da condição do ator, ou mesmo de qualquer um de nós. Afinal, quantas pessoas não "moram" em nossa cabeça, nos ditando o que devemos fazer ou ser? De certa forma uma análise ilumina esses obscuros processos.

Como já foi dito, dos três filmes, *Boys don't cry* é o mais realista, encarando de frente a rejeição da comunidade ao travesti ou transexual. No filme de Almodóvar, prevalece a negação – o transexual é integrado e aceito como se não fosse vítima de grande discriminação. *Quero Ser John Malkovich* apela para uma saída

118   O psicanalista vai ao cinema

que também dribla o confronto ao ampliar a especulação sobre a identidade, mostrando-a num divertido jogo de espelhos multifacetado que transcende a questão sexual.

Magnólia

Magnólia ganhou o "Urso de Prata" de Berlim como melhor filme do ano de 1999 e Tom Cruise foi indicado como melhor ator no Oscar. É o terceiro filme do jovem diretor (30 anos) Paul Thomas Anderson, que antes fez *Hard Eight* e o polêmico *Boogie Nights*, que enfoca a produção e o mercado dos filmes pornográficos.

Magnólia é um filme muito irregular. Tem um roteiro inteligente, adulto, afastando-se das rotineiras produções comerciais. Aqui temos seres humanos carregados de conflitos, culpas, sentimentos complexos e ambivalentes, exatamente como acontece na vida real e na melhor literatura.

Assim, seguimos o drama do grande produtor de TV que está à morte – o que enche de culpa sua jovem e interesseira mulher – e que procura o filho, um conhecido guru de autoajuda que prega o machismo mais virulento. Quem o auxilia nesta procura do filho é um bondoso enfermeiro. Havia criado um programa de televisão com crianças-prodígio respondendo questões de conhecimentos gerais que alcançara grande sucesso e estava no ar há mais de 30 anos. Tal programa é comandado pelo mesmo apresentador, que está também morrendo de câncer e tenta fazer as pazes com sua única filha, uma toxicômana. A tremenda pressão em cima das crianças-prodígio, a exploração da qual são vítimas por parte de pais ambiciosos é claramente mostrada, ao que se junta o drama da primeira criança que participou do programa, atualmente um adulto perdido e fracassado. Em torno de tudo isso, vemos um policial, que tenta dar um mínimo de ordem num mundo onde o caos impera.

Uma linha que une todas as histórias de *Magnólia* é o abuso que os pais infligem a seus filhos – quer seja por abandono, ataque sexual ou exploração para satisfazer o próprio narcisismo. Dizendo de outra maneira, seu tema central é uma séria meditação sobre a morte.

Mas aí começam suas dificuldades. Sua estrutura narrativa se apoia em dois grandes filmes recentes, o *Short Cuts*, de Altman e o *Hapiness*, de Todd Solondz, nos quais os diferentes dramas de personagens diversos terminam por se ligar de forma fortuita.

O problema é que Anderson não consegue amarrar muito bem suas histórias, apesar de tentar fazê-lo usando vários artifícios.

O primeiro deles é apelar para um recurso que poderíamos chamar de "operístico", ao apoiar-se fortemente em canções de Aimee Mann. Vemos isso nos momentos iniciais, quando a música se superpõe e persiste durante o desenrolar da ação, em tom excessivamente estridente, chegando a incomodar o espectador, especialmente porque a letra da mesma não foi legendada, impedindo que a maioria entenda que ela comenta a ação que se desenrola em cena. A cantora fala sobre a solidão das pessoas, repetindo que "one is the loneliest number" ("um é o número mais solitário"). A relevância do recurso operístico fica ainda mais visível nos instantes finais, quando vemos todos os personagens, nas mais variadas situações pelas quais estão passando, cantando o bordão de outra canção, que diz: "it's not going to stop 'til you wise up", ou seja: "não vai parar a não ser que você fique mais sábio".

O outro artifício usado pelo diretor é uma polêmica chuva de rãs. É um exemplo irretocável do recurso *deus ex-machina*, tradicionalmente usado pelos autores quando não sabem mais o que fazer para dar um desfecho adequado a suas criações.

Pode-se dizer que o diretor não teme o ridículo, pois dele se aproxima perigosamente sua versão deste recurso. Além do mais, a chuva de rãs rescende a realismo fantástico ou surrealismo, com o que Anderson desfigura sua obra, que até este momento seguia as convenções do realismo psicológico.

Entretanto, quando lembramos o impactante início do filme, com as surpreendentes imagens de grandes coincidências que apontam para a intervenção de um poder maior frente os projetos humanos, a aparição das rãs não deixa de dar um fecho àquilo que tinha ficado sem sentido até então. Parece ser uma menção às dez pragas do Egito, com as quais Deus castigou as terras do Faraó. Uma delas é a extraordinária aparição de sapos que a tudo destruiu.

Assim, o *deus ex-machina* de Anderson é não apenas o corriqueiro recurso usado por autores que não sabem como terminar suas histórias, mas passa a ser estruturalmente a intervenção da mão divina nos destinos perdidos de uma humanidade confusa e infeliz, o que daria um tom fortemente religioso ao filme de Anderson.

Há um outro ponto a favor do diretor, que é o magnífico trabalho de direção dos atores, todos em grandes desempenhos, com

Magnólia 123

especial referência para Julianne Moore, seguramente uma grande atriz, e para Tom Cruise, excelente no papel do garanhão. Para concluir, uma questão que para muitos pareceu enigmática: o que tem tudo isso a ver com a flor magnólia? Este é o nome de uma rua do San Fernando Valley, onde as histórias todas se entrecruzam e onde a chuva de rãs tem início. Além disso, a magnólia é uma flor muito comum naquela região. Seria também uma *private joke* com *American Beauty*, o outro grande filme que recebeu o título de uma flor, uma rosa cultivada nos Estados Unidos?

Gente da Sicília – A procura da maturidade

Sicília!, filme do casal Jean-Marie Straub e Danièlle Huillet (1998), baseia-se num romance dos anos 30 censurado pelo fascismo, *Conversacione in Sicilia*, de Elio Vittorini. O enredo é simples: um homem que mora no norte da Itália volta ao antigo lar na Sicília, onde faz descobertas sobre seu passado.

O que chama atenção é a forma escolhida pelo casal de diretores para esta transposição de um texto literário para a tela. O filme tem pouco mais de 60 minutos, mas sua extraordinária secura faz com que muitas pessoas abandonem a sala de projeção antes do fim. Beirando um documentário neorrealista do pós-guerra italiano, exibe uma total desglamurização dos personagens e do cenário, do próprio cinema como forma de arte. É como se os diretores quisessem não *representar* a dureza daquelas vidas, mas trazê-la diretamente para o público, *sem intermediação da arte*. O mesmo se poderia dizer do tratamento dado ao tempo, que parece ter uma realidade própria, concreta, como se o tempo *real* nos envolvesse a todos, espectadores e atores. A câmara quase parada grava as longas falas, que são ditas num tom que se pretende naturalístico, mas que adquirem um tom declamatório, como se cada ator executasse uma ária. A quase ausência de diálogos, a predominância de monólogos, parece ressaltar a solidão e introspecção dos personagens.

Os diretores nos colocam em contato direto com toda aspereza e severidade daquelas vidas, que parecem se desenrolar num espaço atemporal, telúrico, despojado, regido por forças primárias como o comer, o sexo, as brigas e traições, o trabalho. O aparecimento da poesia chega a parecer deslocado. Paradoxalmente, ao conseguir tanta "concretude", os autores nos brindam com uma indiscutível obra de arte.

O filho volta à cidade natal para que a mãe lhe revele os segredos da família. Quer saber por que seu pai a deixara por outra mulher. A mãe, movida pelos ciúmes e pelo ressentimento, tenta denegrir o marido, mas termina por dele fazer uma imagem muito positiva. A mãe também lhe conta aspectos de sua vida até então ignorados pelo filho. Ele agora está de posse dos segredos de seus pais, de episódios marcantes de suas vidas sexuais.

E agora, o que fazer? Quando tudo é dito, o que mais resta? O filho se depara com a plena humanidade de seus pais. Ali estão eles completamente expostos, sem mais véus encobridores.

Atingir a maturidade, chegar à vida adulta, não seria isso o conseguir tolerar a total desidealização dos pais e mesmo assim – ou por causa disso – continuar a amá-los? Não era isso que o personagem buscava? Não seria isso o que buscava encontrar no final de sua viagem?

Cronicamente inviável, de Sergio Bianchi (2000)

Um escritor perambula pelos rincões distantes do Brasil, tentando entender-lhe a essência, despejando seu cinismo sobre tudo que vê. Intelectuais discutem os temas da identidade brasileira, mais ou menos como se discutia o sexo dos anjos na sitiada Bizâncio. Um casal burguês ostenta com orgulho sua *mauvaise conscience*, às voltas com jantares, festinhas, benemerências. No microcosmo de um restaurante seguimos o périplo dos migrantes, que oscilam entre o trabalho aviltante e a franca prostituição, as relações perversas entre patrão e empregados, a escalada social da ambiciosa *hostess*, disposta a tudo para "chegar lá".

Uma indigesta mistura de sem-terras, sem-tetos, sem-nadas, cheiradores de cola, migrantes, mobilidade social, negação das próprias origens, madames apressadas que atropelam meninos de rua e logo dizem não ter culpa nenhuma, empregadas domésticas "amigas" das patroas, preconceitos de variada temática: negros, crioulos, nordestinos, judeus, brancos quatrocentões, índios, descendentes de europeus, ricos, pobres e remediados.

Este é o caos que explode estrepitosamente na tela de Sérgio Bianchi. Afinal, o Brasil é mesmo "cronicamente inviável"? Não temos solução, a saída desesperada é a do terrorismo pregada pelo garçom descendente de polonês? Ou nossa força reside nos mais humildes, que mesmo no fundo da mais negra miséria, continuam acreditando e tendo esperança, como mostra a cena final?

Bianchi faz um filme irregular, desagradável, irritante, extremamente provocante e que, de forma surpreendente, nos parece muito familiar. Conhecemos de perto aquela confusão. Ele está falando de nós todos e nos vemos ali, por mais repugnante que seja a imagem disforme refletida.

Bianchi tenta fazer uma desesperada investigação sobre a identidade brasileira. Será verdade que ela ainda não se constituiu? Será que nos falta mesmo um projeto comum que nos una a todos, além das diferenças de cor, classe social, religião, raízes? Será que nosso caldeirão cultural ainda não chegou ao ponto certo, ainda não fundiu suficientemente uma imagem com a qual todos nós brasileiros possamos nos identificar? Será que só nos identificamos com o caos e a desordem, a autodepreciação e o complexo de inferioridade?

Estórias roubadas – Peça de Donald Margulies

A peça *Estórias Roubadas* (*Collected Stories*), de Donald Margulies, com Beatriz Segall e Rita Elmôr, mostra o desdobramento da relação que se estabelece, no correr de seis anos, entre uma escritora consagrada e sua pupila. Esta ocupa o lugar de secretária e confidente da primeira e termina por usar as confidências daquela na construção de seu primeiro romance. A peça fecha em pleno impasse. Não há reconciliação possível entre as duas escritoras. Uma se sente traída, a outra pensa ter dado provas de que aprendera todas as lições recebidas.

O autor usou alguns elementos de um fato real acontecido em 1993, quando o poeta inglês, Sir Stephen Spender acusou o jovem romancista David Leavitt de ter se apropriado de detalhes de sua autobiografia, publicada em 1951. Além disso, o próprio Margulies diz ter tido atritos semelhantes com o famoso escritor Arthur Miller.

O embate mestre-aluna é uma ilustração do conflito de gerações, o quase sempre problemático ocaso de uma e a ascensão da outra. Poderia ser visto sob o ângulo do Complexo de Édipo e da estruturação da identidade: a mais jovem, ao apropriar-se de um episódio da vida da mais velha e usá-lo como material de sua produção literária, revela sua ambivalência – está identificada com a mestra, escrevendo na primeira pessoa o episódio que não é seu, mas sabe que, ao fazê-lo, provoca inevitável rompimento na relação. Está lutando por seu próprio lugar, por sua própria identidade.

A peça mostra um problema central da criação literária, que é o uso de material biográfico em obras de ficção. O poder de transfigurar a vida em literatura é o dom dos grandes escritores. A rigor, pode-se dizer que todo romance é um *roman a clef*, desde que se entenda que a composição dos personagens se aproxima dos processos de condensação e deslocamento, tal como descritos por Freud na elaboração do sonho.

Os personagens são figuras compostas de inúmeras lembranças e recordações referentes a pessoas do conhecimento atual ou passado do autor, ao que ele acrescenta modificações que obedecem às necessidades da obra que cria, pois não estando ele escrevendo biografia ou memórias, onde o compromisso com a realidade fática faz exigências mais estritas, pode se dar grande liberdade inventiva.

Vê-se que o que sustento aqui toma partido na recorrente questão sobre a criatividade do artista, do escritor: trata-se de uma "criação" (no sentido de uma invenção *ex nihilo*) ou de uma "recriação" (o uso de sua biografia, experiência etc.)? Tendo a valorizar a segunda opção, desde que concebida dentro dos parâmetros acima descritos, o que termina por aproximá-la da primeira opção e relativizar a questão.

Às vezes o escritor cria personagens que estão muito próximos de seus modelos principais, o que gera problemas da mais variada ordem em seu relacionamento pessoal. Se alguns escritores são mais discretos em suas obras, poupando a privacidade da família e dos amigos, outros não hesitam em expô-los da maneira mais crua. *Os Buddenbrooks*, grande romance que Thomas Mann escreveu aos 25 anos, relatando a saga de uma família da alta burguesia alemã, está calcado diretamente no seu histórico familiar. Em casos extremos, o escrever pode ser usado como forma de atacar desafetos e executar vinganças, como mostra o interessante livro de DeSalvo[1].

Muitas vezes o desejo de criar uma grande obra se sobrepõe a tudo e o escritor se mostra disposto a pagar o preço. É conhecida a afirmação de Faulkner de que "Ode a uma urna grega", poesia de Keats, vale bem mais do que um bando de velhas senhoras. O que alguns entendem como uma declaração de que ele não titubearia em exterminar várias velhinhas se fosse esse o preço pela glória de tê-la escrito...

Muitos relatos mostram como a obra é uma transcrição muito fiel de aspectos da vida de seus autores, como vemos – por exemplo – nas biografias de dois dos maiores expoentes recentes da literatura, Joyce[2] e Proust[3].

O que é interessante na peça *Estórias Roubadas* é justamente o fato de que a velha escritora *não* tenha usado ficcionalmente aquele que teria sido o momento culminante de sua vida amorosa:

---

1 DeSALVO, Louise. *Concebido com maldade*. Rio de Janeiro: Record, 1998.
2 ELLMAN, Richard. *James Joyce*. São Paulo: Editora Globo, 1989.
3 PAINTER, George D. *Marcel Proust*. Rio de Janeiro: Guanabara, 1990.

o caso que tivera quando jovem com um grande escritor em declínio. É isso que permite o "roubo" por parte da discípula. No final da peça, vamos ver que ela tinha, sim, escrito algo, mas nunca publicara. Por que teria agido assim? Por que não conseguira escrever sobre o momento mais importante de sua vida? Por fuga, por ser insuportável reviver situações dolorosas? Talvez necessitasse de uma terceira pessoa para fazê-lo. Como entender que pudesse contar para sua discípula toda sua história sem imaginar que ela a usasse literariamente, se ela mesma a tinha instruído para "jamais deixar escapar uma boa história"?

Penso que tolerar as inevitáveis feridas narcísicas sofridas no correr do tempo e o ter forças para enfrentar os sentimentos depressivos são dois requisitos fundamentais para o escritor poder dar profundidade e relevo, tridimensionalidade e veracidade a suas criações literárias. Não é raro observar escritores que, apesar de incontestável habilidade no ofício do escrever, produzem uma ficção rala e pouco convincente, incapaz de provocar a identificação dos leitores com seus personagens, por parecerem eles excessivamente artificiais e sem consistência psicológica. Não conseguem dar profundidade ou densidade a seus enredos.

Penso que isso poderia ser uma evidência de uma dificuldade que estes escritores teriam de entrar em contato com seus próprios mundos psíquicos. Não se disporiam a enfrentar a dor e a depressão que este contato eventualmente provocaria.

Estórias Roubadas trata de um dilema de escritores. Como usar os dados biográficos, os seus próprios e os dos amigos? Usá-los é uma traição ou uma homenagem? Uma coisa exclui a outra?

132   O psicanalista vai ao cinema

A pulsão de morte em *Dançando no escuro*, filme de Lars Von Trier (2000)

Parece-me surpreendente o sucesso que o filme *Dançando no Escuro* tem feito com a crítica e o público. É um filme extremamente desagradável, que beira o insuportável no desfiar do calvário de Selma, uma miserável imigrante checa nos Estados Unidos, personagem interpretado à perfeição pela cantora islandesa Björk. Selma vive humildemente como operária. Está perdendo a visão e seu filho tem a mesma doença genética que leva à cegueira. Trabalha desesperadamente para poder pagar a operação que garantirá a visão ao filho. Não mede esforços frente a este objetivo, levando-os a extremos inimagináveis. Tem como único lenimento sua paixão pelos musicais norte-americanos, lugar onde, diz ela, "tudo sempre acaba bem". Cada vez que a realidade a confronta com graves impasses e limitações, escapa imaginariamente, transformando-os em situações de musical, onde tudo se equaciona de acordo com seu desejo.

Do ponto de vista cinematográfico, Lars von Trier subverte o gênero musical, pois, ao contrário do que Selma diz a respeito deles, aqui tudo "acaba mal"; a música de Björk não é fácil, agradável, "cantabile"; as coreografias são ríspidas e duras. O efeito geral é o oposto do encantamento distante da realidade produzido pelos grandes clássicos do musical com seus *happy endings*. Aqui é enfatizada a aspereza dos destinos humanos, com suas misérias e suas sofridas vitórias.

Embora tenha sido alardeada a novidade do uso de câmaras digitais, que permitem, devido a seu baixo custo, filmagens simultâneas (na cena do trem, mais de 100 delas teriam sido usadas), possibilitando novos regimes de filmagem e montagem final, penso que nada disso transparece visualmente para o espectador médio.

Como um filme tão ríspido pode atrair a plateia e a crítica?

Poder-se-ia evocar uma interpretação sociológica. O fato de Selma ser uma operária checa que vai para os Estados Unidos em busca de um mundo melhor, e ali encontra seu martírio, poderia ser entendido como a desilusão do operariado, representando toda a humanidade, frente ao fracasso das promessas de um mundo melhor feitas pela revolução socialista e à injustiça social que o capitalismo continua produzindo mesmo no centro do império norte-americano. Neste sentido, não é indiferente que sua melhor amiga, "Cvalda" (interpretada por Catherine Deneuve) é também uma imigrante europeia.

Selma está ficando cega, metaforicamente não tem perspectivas, não vê saídas para seu impasse. É verdade que essa desilusão não leva inteiramente ao desespero, alude-se a uma esperança para as futuras gerações: mesmo à custa de um sacrifício supremo, a elas deve ser assegurado o direito de ver.

A interpretação psicanalítica acrescenta importantes nuances a essa configuração. Selma suporta todas as provações com paciência e bonomia, jamais se permitindo qualquer revolta, qualquer sentimento agressivo. Seu comportamento pareceria, para um observador externo, apático e inteiramente passivo, não opondo qualquer resistência aos reveses que a acometem. Mas sabemos que de trás de sua aparente fraqueza está uma férrea resolução – a de proporcionar a operação do filho.

Sua atitude com o filho, ao contrário da relação que tem com todos, é de uma dureza incomum. Mostra-se intransigente, exigente, impaciente com suas pequenas faltas escolares. Quando o drama está totalmente instalado, recusa-se terminantemente a atender seu pedido de vê-la.

Essa atitude de máxima severidade com o filho parece basear-se na presunção de que o melhor para ele é ter garantida a própria visão. Garantir-lhe isso é, em sua concepção, a máxima expressão de amor materno. Tudo deve estar submetido a esse princípio. Não importa que, para tanto, possa assumir atitudes de aparente rejeição e indiferença. "Mais vale que ele tenha a própria visão que ter uma mãe viva e cega", diz corajosa e corretamente Selma.

Em linhas gerais, embora severa, essa é uma grande verdade, do ponto de vista analítico. A maior prova de amor que os pais podem ter pelos filhos e deixá-los crescer e partir é ajudá-los a ter autonomia própria, a prescindir deles mesmos, pais. Isso, que parece uma obviedade, está longe de o ser. Muitos pais

Dançando no escuro   135

narcisicamente desejam manter os filhos ligados, não tolerando qualquer movimento de independência.

Por outro lado, o desejo de Selma de tornar autônomo o filho, independente dela mesma, a forma inflexível com a qual o executa sua decisão poderia revelar outros aspectos de seu psiquismo. Sabemos que Selma não teve pai e nada é dito sobre sua mãe. Cria imaginariamente um pai que justifique suas idiossincrasias, como o amor pelos musicais. A ausência do pai é substituída por um imaginário pai idealizado, que a protegeria e amaria, como fica patente nas cenas finais. O filho de Selma também não tem pai.

Sua dureza para com o filho, seu desejo de fazê-lo autônomo, tendo sua própria visão sem depender de mãe ou pai, furtando-se ela mesma a ter uma atitude mais compassiva e carinhosa com o filho, pareceria mostrar que muito sofreu com o abandono e quer poupar tal sofrimento ao filho, forjando-o independente. Mas não percebe que, ao fazê-lo, termina por infligir a ele a mesma carência que sofreu e da qual queria protegê-lo.

Mas nada disso justifica a postura que Selma assume para concretizar seu plano de salvar o filho, garantindo-lhe a operação.

Metida em inúmeras complicações, Selma nunca se defende, tem uma passividade bovina, mantém em segredo o motivo de suas ações, não pede ajuda aos amigos e a rejeita quando estes querem protegê-la. É inconsistente a justificativa dada no filme – o filho não pode saber que tem uma doença na vista, pois isso o angustiaria, circunstância que agravaria o problema – pois as consequências do obstinado silêncio de Selma e sua recusa em ser ajudada desencadeariam muito mais angústias no filho do que o conhecimento de sua doença.

A atitude de Selma – seu abandono, seu não se defender, sua indiferença para consigo mesma – parece apontar para um inconsciente desejo de morte, uma raiz profundamente melancólica. Ela confessa ter um intenso sentimento de culpa frente ao filho, sente uma necessidade de punição por considerar-se responsável pela doença dele. Censura-se pelo egoísmo de ter desejado a gravidez, mesmo sabendo que transmitiria a seu rebento sua doença. Considera-se, pois, uma má mãe e se pune por isso.

É possível que ao sentir-se desta forma, esteja identificada com a imagem odiada e destruída do pai que a abandonou, assim como provavelmente fez a mãe, que sequer é mencionada. Ao invés de dizer "tive um mau pai (e uma má mãe) e o(s) odeio por isso", por identificação diz, "sou uma má mãe, me odeio por isso e por isso me castigo". Ou seja, identificada com este pai odiado (e essa mãe), ao se punir, está punindo o pai (e a mãe).

Ao se deixar morrer, mata o pai internalizado (e a mãe) com os quais está identificada. Também ao não se defender, porta-se como uma criancinha indefesa e abandonada, atitude com a qual acusa os pais de abandono.

Em outras palavras, a atitude de Selma parece ilustrar bem o masoquismo e a melancolia enquanto expressões da pulsão de morte voltada sobre o próprio sujeito.

Como Freud mostrou, há três tipos de masoquismo: o moral, o feminino e o erógeno. Este último é o mais conhecido, envolve práticas sexuais onde a dor e a passividade de um dos parceiros envolvem o comportamento complementar sádico por parte do outro. O masoquismo feminino, para Freud, seria um dos avatares da sexualidade feminina e o masoquismo moral é aquele onde a impossibilidade de defletir para o exterior a pulsão de morte, sob a forma de agressão, faz com que ela retorne ao sujeito, alimentando o sadismo do próprio superego. Na melancolia, diz Freud, vemos *uma cultura pura da pulsão de morte*, na medida em que a agressão está voltada para um objeto que se internaliza (o que faz com que a agressão retorne para o interior do sujeito) e, ao mesmo tempo, a culpa pela agressão a este objeto internalizado reforça o rigor sádico do superego. O resultado é fatal, levando frequentemente ao suicídio.

Selma é incapaz de voltar a agressão para o exterior que a agride. Volta a agressividade contra si mesma, internalizando-a como um superego sádico que a impede de cuidar de si mesmo e preservar a própria vida, deixando-se matar.

Assim, é curioso, pois apesar de todo o aparato repressor do Estado se levantar contra Selma com a pena máxima, no fundo o que vemos é a realização de um suicídio.

Se o masoquismo de Selma é predominantemente moral, tem também alguns traços eróticos. Sua relação com o proprietário que lhe aluga o lugar onde mora deixa transparecer algum erotismo. Selma submete-se inteiramente ao desejo deste, não esboça nenhuma reação frente a suas investidas, organizando um bom modelo de relacionamento sadomasoquista.

Uma explicação para a aceitação de *Dançando no Escuro* residiria na capacidade que tem de tocar profundos aspectos masoquistas e melancólicos da plateia, que tem ali uma oportunidade de ver de forma sublimada os movimentos sombrios da pulsão de morte.

Traffic, filme de Steven Soderbergh (2000)

O filme *Traffic* de Steven Soderbergh tem a sobriedade adequada aos objetivos que mira – o mostrar o problema das drogas em toda sua complexidade, sem os apelos fáceis advindos do moralismo pequeno-burguês e sem se arvorar a propor soluções que, na maioria das vezes, se revelam como simplistas e policialescas.

Em *Traffic* não vamos ver apenas jovens negros fumando crack nos guetos urbanos norte-americanos. Pelo contrário, vemos como a droga penetra completamente a sociedade americana, permeando todos os seus estratos, sem poupar a ninguém. Ela se infiltra desde as favelas até o mais íntimo dos redutos WASP (white, anglo-saxon and protestant), ou seja, a elite detentora do poder.

A história se desenrola em torno de três núcleos, formalmente marcados por diferentes tonalidades de cor, efeito do uso de diferentes filtros durante a filmagem. O frio azul para Washington e o jogo do poder, o sujo marrom para as tramoias mexicanas, o pleno tecnicolor para os bairros de luxo da Califórnia onde moram os barões da droga.

Traffic apresenta um único senão, referente à excessiva contenção de Soderbergh, que, em sua imparcialidade no trato da trama, quase transforma seu filme num documentário de superluxo, perdendo assim a oportunidade de temperar sua história com necessárias pitadas de dramaticidade, o que deixa um tanto insosso o filme.

A meu ver, o valor maior de *Traffic* reside no não incidir na postura hipócrita mais comum usada por Hollywood ao abordar o tema do tráfico e do uso da droga. Em *Traffic*, toda a ênfase recai não na produção da droga, nos confins do Terceiro Mundo, apodrecido e corrupto, que precisa ser "salvo" pelos 'mocinhos' do Primeiro Mundo (CIA, ajuda militar, pressões diplomáticas etc.).

Nada disso. Aqui vemos a podridão e a corrupção dentro do Primeiro Mundo, dentro da sociedade americana, envolvendo todos os escalões. É, em última instância, o que financia o tráfico de drogas.

Traffic finalmente diz o óbvio: se há produção da droga, é porque há um consumo, e esse consumo se dá exatamente dentro do rico e poderoso Primeiro Mundo.

O problema das drogas não tem soluções fáceis a curto prazo. Timidamente o filme aponta para uma possível saída – o investir nas novas gerações, o proteger e cuidar melhor das crianças, a necessidade de refletir sobre o que acontece na sociedade que a leva a essa prática fatal que mina sua maior riqueza – os filhos e a esperança no futuro.

Hoje em dia, não se ignora mais que o narcotráfico com seus narcodólares movimenta o mercado financeiro internacional, com o beneplácito dos grandes banqueiros e paraísos fiscais. Fortíssimos interesses afastam o enfoque claro desse problema, quer seja no que diz respeito a novas leis sobre sigilo bancário e a própria existência dos paraísos fiscais, bem como quanto à legalização da droga, que mudaria inteiramente o atual estado de coisas. É de se pensar até onde são manipulados efetivos problemas éticos e morais ligados ao consumo da droga, com fins de manutenção da situação, tal como hoje se apresenta.

Do ponto de vista analítico, diria que *Traffic* mostra o abandono da projeção (o mal está no outro, na produção da droga nos confins das selvas latino-americanas, onde governos corruptos e ignorantes estão mancomunados com os traficantes) para o do *insight* (nós somos os que consumimos a droga, é em função deste poderoso fluxo de dinheiro que dispomos na compra da droga que ela é produzida; a corrupção e a podridão estão também em nossas instituições; não podemos, nós, norte-americanos, posarmos de vítimas ou heróis nesta guerra suja, temos participação definitiva na criação e manutenção desta guerra).

Bicho de sete cabeças – Algumas ideias em torno do filme de Laís Bodanzky (2000)

Em parceria com seu irmão Krin, Glenn Gabbard[1], psicanalista americano, escreveu um livro onde são examinados cerca de 450 filmes. Ali os Gabbards acompanham 90 anos de cinema norte--americano, mostrando a cambiante forma pela qual os psiquiatras foram vistos por aquela sociedade no correr deste tempo.

---

1 GABBARD, Glen; GABBARD, Krin. *Psychiatry and the cinema*. Second edition American Psychiatric Press: Washington-London, 1999.

Grosso modo, dividem cronologicamente essa produção em três grupos de filmes: o primeiro (os filmes mais antigos) mostra o psiquiatra como charlatão bem ou mal intencionado; o segundo, (filmes da década de 1945 a 1970) exibe uma grande idealização dos psiquiatras e psicanalistas, vistos como heróis capazes de grandes feitos em prol de seus pacientes, e o terceiro e último, correspondente à atualidade, no qual se vê uma "queda do pedestal", uma desidealização que faz o psiquiatra ser visto com olhos mais realistas – nem tão mau nem tão bom, apenas humano, como todo mundo.

Neste grande número de filmes, há roteiros de ficção e outros baseados em registros biográficos. Há psiquiatras assassinos, desonestos, sedutores, loucos, perversos, honestos, competentes, incompetentes, inteligentes, ignorantes, abnegados, interesseiros, ambiciosos, dedicados, indiferentes. Uma variada mostra do ser humano, com o que tem de melhor e de pior.

Gabbard não menciona que as associações psiquiátricas norte--americanas tenham ficado ofendidas ou que tenha havido protestos individuais a respeito da forma como os psiquiatras foram retratados nesta profusa produção cinematográfica.

Achei necessário começar este artigo com tais informações por saber da preocupação sentida por alguns colegas frente ao excelente filme de Laís Bodanzky, o *Bicho de Sete Cabeças*. Julgam que ele denigre nossa profissão.

Antes de mais nada, penso que, devemos ter em mente que ser psiquiatra não é garantia alguma de retidão de caráter, boa conduta ou compulsória competência. Devemos ter em mente que somos tão falíveis quanto qualquer outro ser humano, qualquer outro profissional. Tentativas de posar como cidadão acima de qualquer suspeita deixa um travo desagradável de autoritarismo e hipocrisia. Precisamos aprender a aceitar críticas, quando elas são pertinentes.

Não é necessário que haja um imediato alinhamento ou dar um irrestrito crédito de confiança a alguém pelo simples fato de ser ele psiquiatra. Agir desta forma é exercício de corporativismo, ingênua falta de crítica ou negação da realidade.

Não se pode negar, entretanto, que *Bicho de Sete Cabeças* é bastante incômodo para todos nós psiquiatras, por expor muitas de nossas feridas.

O roteiro do filme baseia-se num relato biográfico que mostra um adolescente que, ao ser flagrado com maconha, foi internado à revelia num hospital psiquiátrico pelo pai. É uma descida aos infernos, onde vai padecer nas mãos de um médico displicente e drogado, de enfermeiros sádicos, abandonado pela incompreensão da família. Ali recebe o tratamento que lhe é prescrito – neurolépticos e eletrochoques.

Tudo o que é mostrado no filme é rigorosamente indefensável. Tudo ali está errado. Se existe psiquiatra com tais características, e eu estou longe de achar isso impossível, ela merece nossa crítica e reprovação, não nossa solidariedade. Se existe essa prática, também ela deve ser criticada e abandonada, não defendida. Assim, o filme não deve ser atacado por dizer verdades incômodas – estas sim, deveriam ser atacadas.

O filme não ataca o uso de ECT (eletroconvulsoterapia) e neurolépticos. Sua crítica é muito mais ampla e profunda, questionando princípios básicos da clínica psiquiátrica, especialmente os procedimentos ligados à internação involuntária, enfatizando o quanto ela pode ferir a cidadania ao cercear a liberdade individual e desautorizar inteiramente aquele que é levado ao hospital contra sua própria vontade e dar todo o crédito aos que o levam ali.

Claro que muitas vezes o quadro apresentado pelo paciente impõe uma internação forçada sob a responsabilidade de terceiros. O paciente delirante e alucinado obviamente não pode responder por seus atos. Mas esses são os casos mais simples, evidentes, que não levantam questões. Há muitos outros onde a coisa é mais complicada.

Assim, o filme procura restituir ao psiquiatra a consciência da importância de seu lugar na sociedade. Lembra-o da gravidade de sua função e o poder que exerce ao dar um diagnóstico que tem consequências legais, que suspende os direitos civis de um cidadão.

É preciso não esquecer a dimensão política deste poder, pois a psiquiatria tem sido usada sistematicamente pelos regimes totalitários para restringir a liberdade de cidadãos indesejáveis, evitando o desgaste dos processos jurídicos formais. Vimos isso no nazismo e na União Soviética. Nunca é demais lembrar isso, pois, na rotina do dia a dia, esse ato termina por ser banalizado, é apenas mais uma tarefa que o psiquiatra executa em seu duro ganha-pão, muitas vezes realizado em condições aviltantes, contra as quais também devemos lutar.

O filme vem também lembrar o lugar contraditório e problemático que a psiquiatria ocupa no seio da medicina.

Desde Pinel e Esquirol, a psiquiatria se dilacera entre suas facetas organicista e psicodinâmica, desde então se esfalfa na procura da causalidade dos sintomas psíquicos, ora nas experiências traumáticas advindas das relações afetivas interpessoais, ora no incansável vasculhar do cérebro, atrás de uma afecção que as justifique.

Enquanto Pinel – dentro do ideário da Revolução Francesa – soltava os loucos e propunha uma "terapia moral", acreditando que lhes restava um pouco de razão a ser recuperada via educação, Esquirol, distante do ideário revolucionário, um homem da

Restauração, voltava a encarcerar os loucos, estabelecendo descrições nosográficas cuidadosas, acreditando numa causalidade orgânica da doença mental, razão da sistemática indicação de autópsias no intuito de estudar o cérebro dos pacientes.

Essa divisão, que marca a psiquiatria desde seus inícios, teve vários momentos decisivos, como o trazido por Freud há um século, com a descoberta do Inconsciente, permitindo uma compreensão até então inexistente da lógica da loucura e apontando possibilidades terapêuticas inexistentes dentro do referencial teórico da hereditariedade e da degenerescência.

A psicanálise influenciou profundamente a psiquiatria, afastando-a um tanto da medicina. Nos anos mais recentes, testemunhamos uma nova configuração. Na década passada, dita do "cérebro", a psiquiatria ficou muito orgulhosa com seus avanços (neurociências, neuroimagens, neurotransmissores etc.), sentindo-se finalmente aceita no corpo da medicina. Para tanto, a psiquiatria quase voltou a ser uma neurologia, quase negou a si mesma sua especificidade.

Se a psiquiatria tem um pé na medicina – ali fundeada com todo o direito pela existência do cérebro, cujas afecções reconhecidamente produzem sintomas neuropsiquiátricos –, por outro lado, ela também se situa no mundo da cultura, das relações afetivas e sociais.

Os sintomas psiquiátricos podem ser decorrentes de patologias cerebrais – desde as mais grosseiras (meningites, encefalites, psicoses senis, orgânicas etc.) até as mais finas (alterações nos neurotransmissores).

Hoje sabemos que novos circuitos neuronais são organizados e estabelecidos por meio da relação interpessoal, influenciando a própria estrutura cerebral. Isso ocorre desde os primeiros contatos mãe-bebê, cuja importância logo se faz evidente, até contatos muito posteriormente, o que mostra como as psicoterapias alteram a própria organização cerebral ao estabelecer novos trajetos neuronais.

A antipsiquiatria teve o mérito de recolocar esta importante questão que parece permanentemente forcluída, negada, ignorada e reprimida dentro da psiquiatria e da própria medicina: o lado "não médico" da psiquiatria, esse que se estabelece nas relações interpessoais, sociais, culturais. Levando isso em conta, o diagnóstico psiquiátrico deveria considerar os sintomas apresentados pelo paciente – transtornos do humor, do pensamento, do pragmatismo, da percepção etc. – mas também deveria estar atento para a organização das relações pessoais nas quais está ele envolvido – sua família, seus amigos, seus colegas de trabalho.

E é justamente aqui onde a psiquiatria se afasta da medicina. Na medicina, o médico vai procurar diagnosticar o paciente através dos sinais e sintomas que ele apresenta, a doença está "no" paciente e ele – que com ela padece – dela quer se livrar.

Na psiquiatria, embora importante, isso é apenas parte do diagnóstico. Muitas vezes os sintomas estão na vida relacional do paciente e é importante empreender esse exame.

Ao receber um paciente, o psiquiatra deveria necessariamente ver sua família. Assim, constataria nela disfunções de variada gravidade, podendo aferir com mais acuidade a sintomatologia que o paciente apresenta. O problema agora se revelaria não mais exclusivo do "doente" designado pela família – papel que ele mesmo assume por complexas razões –, mas da própria família como um todo.

Estaria o psiquiatra habilitado para fazer tal exame? Estariam os sistemas de atendimento de saúde mental aparelhados para tanto? Infelizmente a resposta é negativa.

O atendimento do doente psiquiátrico, no mundo inteiro, segue exclusivamente o modelo médico. Isso implica, como já vimos, extraordinários avanços no campo das medicações, que revolucionaram a prática de internações. Mas abre a possibilidade de manipulações complicadas exercidas por uma indústria farmacêutica que quer se ver como detentora do único caminho para o tratamento das doenças psíquicas.

A partir dos descobrimentos da psicanálise e dos estudos sobre a família, essa abordagem do paciente psiquiátrico deveria ser repensada. O paciente precisa ser visto sob o prisma médico e da intersubjetividade. É claro que isso exigiria modificações radicais na formação profissional e nas estruturas de atendimento, coisa que, naturalmente, não é nada fácil, sob todos os pontos de vista.

A meu ver esse é um dos problemas centrais da psiquiatria atual que, em vez de ser enfrentado às claras, na procura do estabelecimento de estratégias a serem cumpridas nos anos vindouros, é permanentemente negado e cindido, sendo sua abordagem geradora de grande ansiedade persecutória.

E é por isso que esta visão, da qual a antipsiquiatria foi a voz mais radical, é sistematicamente reprimida, negada, desautorizada.

Devo dizer que tenho uma grande simpatia pela antipsiquiatria e continuo achando que todo psiquiatra deveria ler o livro *Sanity, madness and the family*, de R. D. Laing e A. Esterson. É um texto imprescindível para qualquer um de nós.

Essa simpatia pela antipsiquiatria não me faz ignorar seu aspecto irrealístico e idealizado que nega a doença mental ou a entende como produto de uma sociedade enferma e malvada.

A psicanálise mostra como essa visão é equivocada e simplificada. Ao colocar o paciente como vítima, nega que ele goza com seu sintoma e dele não quer se desfazer, só o fazendo a duras penas, como vemos nas terapias.

A antipsiquiatria é romântica e idealizadora, como qualquer movimento revolucionário. Faz cisões radicais entre os bons e os maus, os bandidos e os mocinhos, os vilões e as vítimas.

Freud, em seu sempre atual *O mal-estar na cultura*, mostra que o mal está em cada um de nós, em função da pulsão de morte. Tentar extirpar este mal, projetando-o no outro e planejando exterminá-lo, é a base da formação de ideologias, essas modernas religiões leigas que criam grandes ilusões com consequências catastróficas, como terminamos de presenciar com os dois totalitarismos que há não muito tempo aterrorizaram a humanidade – o nazismo e o stalinismo. Para eles, o mau está no outro (judeus e capitalistas, respectivamente) e deve ser extirpado para que os bons e puros sobrevivam (os arianos e os proletários).

Voltando ao *Bicho de Sete Cabeças*, ele é incômodo por mostrar: a) a forma tendenciosa com a qual a sociedade encara o uso de drogas, pois há as drogas que propiciam a acomodação social e aquelas que contestam o social – o adolescente é punido por fumar maconha, mas sua mãe está permanentemente fumando cigarros e tomando tranquilizantes; b) a questão da internação forçada, onde o psiquiatra, muitas vezes de forma acrítica, se posiciona ao lado da família e dos informantes, sem avaliar a qualidade da informação (isso é mais complicado quando o paciente é adolescente ou criança; no filme é ainda mais grave, pois o psiquiatra sequer vê o paciente, aparentemente se guiando pela queixa dos pais; c) os problemas dos hospitais psiquiátricos, os tratamentos que ali são dispensados; d) o problema dos pacientes crônicos, que atestam nossa incapacidade em impedir que os casos evoluam até aquele estado; e) a doença social (a patologia familiar, a visível depressão da mãe, o autoritarismo do pai; as exigências da sociedade, o treinamento de vendedores do qual o personagem participa).

Narcisismo e ética em *Inteligência artificial*, filme de Stephen Spielberg (2001)

Inteligência Artificial (2001), filme de Spielberg, é baseado no conto *Superbrinquedos duram todo o verão*, de Brian Aldiss (publicado pela Companhia das Letras) e era um antigo projeto que Kubrick não conseguiu realizar.

Não é dos melhores filmes de Spielberg. Não consegue ter uma unidade bem estruturada, dando a impressão de três histórias independentes mal alinhavadas. Além disso, é de se perguntar que público-alvo Spielberg tinha em mente. O filme é soturno demais para crianças. Talvez o segundo episódio, com seu rock *heavy metal* e violência ao estilo *Mad Max*, tenha algum apelo para adolescentes. Os adultos, por sua vez, não conseguem evitar a sensação de *déjà vu*, explicitamente convocada pelo próprio filme, que cita *Pinóquio* e *O Mágico de Oz*, além de remetê-los a associações óbvias com *Blade Runner, ET, Laranja Mecânica* e *2001*. Mesmo assim, *Inteligência Artificial* serve para ilustrar algumas ideias sobre narcisismo e ética. Para tanto, faço um resumo dos três episódios.

O primeiro. Num futuro remoto, os robôs foram aperfeiçoados a ponto de simularem em tudo a aparência e as atitudes humanas. Um cientista resolve criar um pequeno robô-criança, programado para amar incondicionalmente os adultos que os comprarem. O mercado para tal produto seria casais que não tiveram filhos ou que os perderam, como é o caso do próprio cientista. Um destes robôs, David, é comprado por um casal cujo filho está em hibernação criogênica, aguardando avanços da ciência que possibilitem a cura de um mal que o abate. A mulher, em profunda depressão, reluta em aceitar o pequeno robô, mas termina por adotá-lo. Quando está bem adaptada a sua companhia, o filho é curado de sua doença e retorna para casa, entrando em competição com David. A situação fica insustentável, fazendo com que a mulher tenha de descartá-lo. Ela não tem coragem de devolvê-lo à fábrica, onde seria destruído, e o abandona à própria sorte numa floresta. O pequeno robô David entende que a mãe age assim por não ser ele um menino de verdade.

O segundo. Abandonado na floresta, David encontra outros robôs que, como ele, foram descartados ou fugiram de seus donos. Descobre também que nesta floresta é despejado o refugo de outros robôs. Muitos dos que ali estão procuram repor peças danificadas de suas estruturas, além de tentarem se esconder de homens caçadores de androides, que os usam em violentos espetáculos

152   O psicanalista vai ao cinema

circenses, como a *Flesh Fair*, onde são trucidados. David encontra Gigolô Joe, robô que atende às necessidades sexuais de mulheres, suspeito do assassinato de uma cliente. Os dois se juntam e partem em busca da Fada Azul, que transformara Pinóquio num menino de verdade, tal como David descobrira ao ouvir a "mãe" lendo a história para seu rival, o filho que se curara. Quem poderia dar as informações necessárias sobre a Fada é um sábio residente numa cidade proibida para os androides – uma Nova York destruída, inundada pelo derretimento das calotas polares. Após várias peripécias, o veículo que o pequeno robô dirigia cai no mar, afundando ao lado de uma estátua de mulher, que ele julga ser a Fada Azul. Ali ele fica milhares de anos pedindo incessantemente à impassível estátua a transformação impossível, até que seus circuitos se inutilizem ou a energia que os movia se esgote.

O terceiro. Milhares de anos depois, extraterrestres passeiam maravilhados pelas ruínas da civilização humana, há muito extinta. Vasculham os oceanos da Terra e se deparam com a pequena cápsula onde o imóvel robô olha fixo a estátua de mulher. Resgatam o robô, fazem-no voltar a funcionar e reconstroem sua memória, trazendo à vida – por meio do DNA, e por apenas 24 horas – o ser humano que era sua querida "mãe", com quem o robô David finalmente dorme em paz.

No filme há um forte contraste entre o comportamento dos robôs e dos seres humanos. Enquanto os primeiros parecem bons e abnegados, mostrando uma atitude superior e inteligente, os segundos parecem animais guiados por paixões perversas. O filho do casal, presa de ciúmes, age de forma maquiavélica, maligna, mentirosa, levando os pais a expulsarem o pequeno robô David. Gigolô Joe presencia o assassinato de uma mulher por seu amante

Inteligência artificial   153

abandonado. Os caçadores de androides parecem enlouquecidos, dando vazão aos impulsos agressivos e destrutivos.

Tal contraste provoca uma inversão: não parece que os homens sejam os senhores, os que criaram os robôs. Estes, em sua racionalidade pura, sua objetividade sem impedimentos, dão a impressão de maestria e domínio. São muito mais "humanos" que os próprios seres humanos.

É aí onde entra a ética. A existência do bem e do mal, do certo e do errado, vistos a partir de uma perspectiva na qual se sabe que a morte está no horizonte, coloca para o homem a possibilidade da escolha e é a consciência desta escolha que cria – para cada um de nós, seres humanos – o que antes não existia, ou seja, o sentido da vida.

O campo da ética e sua aplicação, a moral, há muito ocupam o homem. Durante muito tempo foi confundido com o campo da religião, quando se pensava que as categorias do bem e do mal decorriam de entidades metafísicas ou sobrenaturais, que as representariam ou as imporiam à humanidade. Embora tal versão persista, com a progressiva secularização da cultura e da sociedade, os valores éticos centraram-se onde efetivamente sempre estiveram: no próprio homem. Não é frente à divindade que o homem tem de prestar conta dos valores éticos. É frente a seus próprios semelhantes.

Essa visão não religiosa da ética parece ter tido reforços no século passado, com os estudos antropológicos que mostraram as diversidades das culturas e civilizações, dos usos e costumes, impondo um certo relativismo ético, antes impensável, pois a referência eram valores eternos e sobrenaturais. A ética procura avaliar atos e comportamentos, cujo valor deve ser aquilatado por suas consequências práticas – o que implicaria a difícil questão de saber se os fins justificam os meios. O valor dos atos decorre de sua coerência com um corpo de regras mais abrangentes, a chamada deontologia? Como se coloca a ética frente à epistemologia, à ciência e à produção de conhecimentos? Haveria um paralelismo entre o *certo* e *errado*, o *bem* e o *mal* da ética com o *verdadeiro* ou *falso* da ciência? Seria a ética um conhecimento ou um conjunto de normas e regras que balizam a conduta humana, transcendendo qualquer lógica?

Diante de tantas magnas questões, a psicanálise trouxe grandes contribuições que tornam ainda mais complexo o problema. Em primeiro lugar, ela vem mostrar que a escolha que o homem pode fazer entre o bem e o mal, não é, como se pensava até então, uma escolha consciente, produto de um orgulhoso livre arbítrio. Tal escolha, como qualquer outra, é sobredeterminada, segundo a psicanálise; nela entram em jogos poderosas forças advindas do Inconsciente. Isso muda completamente a compreensão da ética. Por isso mesmo Derrida afirma que o discurso ético, assim como o jurídico e o político, não podem ignorar o conhecimento psicanalítico.

De que outras formas a psicanálise enriquece a compreensão da ética? Ela não nega a existência externa e real das categorias do bem e do mal. Elas serão sempre possibilidades abertas ao homem, que pode sofrer passivamente suas consequências ou nelas incidir ativamente. Mas a psicanálise procura compreendê--las, inserindo-as em contextos específicos, afastando-as das generalizações absolutizantes, singularizando-as dentro da experiência humana. Como postula a existência das pulsões de vida (Eros) e de morte (Tânatos), ela sabe que o mal e o bem existem internamente no homem. Ele tem a possibilidade de amar, de construir, de criar, assim como a possibilidade de odiar, de destruir, de matar.

A psicanálise advogaria então uma ética da repressão, desde que a pulsão de morte e seus avatares destrutivos não deveriam

Inteligência artificial   **155**

prevalecer, mas dar espaço para que Eros possa ligar e unir amorosamente tudo o que lhe diz respeito?

A resposta a essa questão não é simples. De certa forma, em *O mal-estar na cultura*, Freud diz que a vida em sociedade só é possível com a repressão dos impulsos agressivos e sexuais. Somente com a sexualidade e a agressividade subjugados pela lei é possível a convivência com o outro. Neste sentido, talvez pudéssemos falar numa "ética da repressão", já que não é possível viver em sociedade seguindo os pressupostos do princípio do prazer – a realização alucinatória e imediata do desejo (agressivo ou amoroso). É necessário submeter-se ao princípio da realidade, da postergação da realização do desejo, que se dará levando em conta fatores externos.

Por outro lado, a psicanálise advoga a necessidade da integração dos conteúdos inconscientes do psiquismo, que estão inacessíveis justamente por causa da repressão. O processo analítico não deixa de ser um permanente combate contra ela, que se organiza sob a forma de resistências as mais variadas. Quereria isso dizer que a psicanálise pretende abolir a repressão, liberando todos os desejos agressivos e amorosos sexuais? Claro que não. O que a psicanálise quer é mostrar para o sujeito essa dimensão inconsciente onde, em tumulto, se movimentam seus desejos secretos, dando-lhe, desta forma, conhecimento da dimensão integral de sua vida anímica, impedindo-o de atribuir-se sistematicamente a exclusividade do bem e delegar ao outro a exclusividade do mal. Essa postura básica pode ser considerada como a raiz de toda dificuldade no relacionamento entre os seres humanos.

É, pois, necessário que todos, e cada um de nós, reconheçamos que ao lado de nossos desejos conscientes – honrados e bondosos, dos quais tanto nos orgulhamos – também existem nossos desejos agressivos e destrutivos – invejosos, ciumentos, nossa cobiça sexual, nossa vontade de usufruir o outro até sua própria morte em benefício próprio. Não devemos negar esses desejos nem atribuí-los ao outro, reconhecendo, entretanto, que ele também os tem.

É tendo plena consciência de ambos os desejos, eróticos e tanáticos, que poderemos fazer uma escolha ética. Caso contrário, as escolhas tidas como éticas serão mais arremedos impostos pela repressão, pelo medo, pela hipocrisia, pela projeção. Um exemplo que ilustra bem esse ponto é o neurótico obsessivo-compulsivo, cuja conduta pode parecer extremamente ética, no rigor com que cumpre leis, normas, regras, na forma como exerce uma grande bondade e civilidade no contato com os outros. Mas sabemos que tais condutas são formações reativas frente a poderosos impulsos agressivos inconscientes dos quais ele não se dá conta. Seus atos não são escolhas entre o bem e o mal externos e internos, pois ele desconhece o mal interno, seus intensos desejos destrutivos que ele só enxerga fora de si.

É claro que a compreensão analítica do psiquismo humano dá grande reforço à compreensão da ética como produto humano decorrente das vicissitudes da vida em sociedade, onde é preciso que todos abdiquem da realização imediata de seus próprios desejos em nome da segurança mútua, da proteção daí advinda.

A psicanálise, pois, suspende a repressão, mas sem advogar a liberação das pulsões. Elas não devem ser reprimidas nem negadas. Devem ser reconhecidas e submetidas à lei da realidade. A repressão, enquanto mecanismo inconsciente de proibições e censuras a desejos amorosos e agressivos infantis, deve ser substituída pela plena consciência de todos os desejos, devendo o sujeito assumir a postura ética de avaliar a exequibilidade destes desejos frente à realidade na qual se encontra inserido.

Inteligência artificial   157

É essa questão que dá um aspecto asséptico, bom, racional aos robôs do filme de Spielberg. Se os representantes humanos do filme parecem sub-humanos e animalescos frente aos robôs, é justamente por estarem presos à consciência da morte, à ambivalência entre amor e ódio, aos impasses e sofrimentos daí decorrentes. De fato, os robôs ignoram tais dilemas.

Outra forma de salientar a contribuição da psicanálise para a ética é através da questão do narcisismo.

Uma leitura apressada do Freud parece afirmar que uma linha de desenvolvimento do psiquismo seguiria pela sequência "autoerotismo, narcisismo, relações objetais parciais e totais". O narcisismo representaria assim uma fase anobjetal (sem objeto), em que as desorganizadas pulsões autoeróticas se centram em torno do ego. Entretanto, essa é a visão do bebê, diz Freud. Quem observa a díade mãe-bebê, sabe que o narcisismo na realidade é um momento de fusão do bebê com a mãe. De certa forma, não existe objeto neste momento, mas também não existe ego (sujeito).

Freud, em sua teorização, usará sempre o ponto de vista do bebê, da criança, quer seja no momento do narcisismo, quer seja neste momento de consolidação máxima das relações objetais que é o Complexo de Édipo. Estaremos sempre lendo a descrição da fantasia do sujeito infantil que persiste no inconsciente do adulto.

Lacan, e grande parte da escola francesa, muda o foco. A constituição do sujeito passa a ser vista sob o ângulo do Outro, o sujeito é consequência deste outro. O narcisismo é visto a partir deste grande Outro que é a mãe, assim como o Édipo passa a ser considerado a partir dos pais. No narcisismo, o bebê está totalmente alienado neste outro que é a mãe. O narcisismo é a fusão da mãe com o bebê. Seria esse o primeiro momento do Édipo lacaniano.

O desenvolvimento psíquico consiste no progressivo afastamento da mãe, o que possibilita a constituição do sujeito desejante, justamente em função da instalação desta falta primordial. O processo que se inicia nas relações narcísicas e progride até as relações plenamente objetais é longo e dificilmente exitoso, compreendendo infinitas gradações onde predominam ora o sujeito ora o objeto, situações que receberam diferentes teorizações, implícitas no conceito freudiano de objeto parcial, na identificação projetiva de Klein ou ainda no espaço transicional de Winnicott.

Todos eles mostram uma situação onde o objeto não é reconhecido em sua autonomia e integridade, em sua alteridade, em sua completa estranheza em relação ao sujeito – que se vê no objeto, confunde-se com ele, não o reconhece e mal se reconhece.

Que tem a ética com isso? Tudo, pois só posso ter uma relação ética com o semelhante na medida em que o respeito em sua total alteridade, na sua diferença radical para comigo. Se mantenho resquícios narcísicos com o objeto, ele não existe como tal, é um produto de minha fantasia, distorcido pelo meu desejo.

No filme vemos que os humanos produzem robôs que substituem relações humanas. Um filho perdido ou nunca tido, um amante impossível etc. As relações possíveis com os robôs seriam tipicamente narcísicas, pois o objeto não existe como tal, é mera projeção e concretização de meu desejo. Diriam os personagens do filme: "Não quero me arriscar a ter um filho ou um amante, já que isso me expõe a sofrimentos e perdas; ser-me-ia solicitado amar sem garantias de ser amado de volta. Seria custoso manter uma relação em que teria que aceitar e respeitar o outro com todas as diferenças em relação a mim. Não quero nada disso. Quero um robô que me ame incondicionalmente para sempre, um filho perfeito, um amante perfeito, que nada exige de mim, que existe só para me satisfazer".

Inteligência artificial   159

Neste sentido o filme de Spielberg bem ilustra um *modus operandi* característico de nossa cultura narcísica atual: por um lado a intolerância com a dor e o sofrimento, com o luto e as perdas, com o outro em sua radical alteridade; de outro, a exigência de realizar imediatamente todo e qualquer desejo, sem atentar para a realidade.

Há um momento muito tocante no filme, no final do segundo episódio. David, preso em sua cápsula no fundo do mar, em frente à estátua que julga ser a própria Fada Azul, solicita sem parar, pelos tempos afora, sua transformação em gente "de verdade". É uma situação patética, pois se trata de um robô que considera verdadeiro algo que sabemos ser ilusório, um conto de fada. Deparamo-nos com a total impossibilidade que ali está configurada. Paradoxalmente, isso toma uma inesperada feição humana. Pareceria uma metáfora cruel da impossibilidade estrutural de realização do desejo humano, uma vez que, em última instância, almeja retornar ao paraíso perdido da fusão idealizada com a mãe – coisa que na verdade nunca ocorreu, pois naquele momento fusional o sujeito ainda não existia como tal, ainda não se tinha constituído.

A meu ver, Spielberg deveria ter encerrado aí seu filme, mesmo que ficasse ele com a feição de um conto de fadas trágico, excessivamente *dark*. O terceiro episódio, com os extraterrestres, é o mais fraco e parece ser a realização menos disfarçada do desejo edipiano representado David.

À guisa de epílogo – já que falamos tanto em ética – introduzo um comentário a respeito de uma notícia que li nos jornais. As autoridades americanas discutem se poderiam ou não fazer uso da tortura com os suspeitos no atentado do WTC, em New York. Como é sabido de todos, não há método de interrogatório mais eficaz que a tortura.

Saber que a tortura é eficaz para a obtenção de informações, necessitar extremamente destas informações, poder torturar suspeitos para ter essas informações e, mesmo assim, recusar-se a fazê-lo em nome de princípios, seria um exemplo máximo de comportamento ético. Acreditar que seja possível tal comportamento talvez seja crer em situações ideais, muito distantes das que a realidade nos impõe.

Histórias proibidas (*Storytelling*, de Todd Solondz, 2002) – Um passeio pelo lado escuro

Uma das cenas mais incômodas que já vi no cinema acontece no filme *Hapiness*, o segundo filme de Todd Solondz. É aquela em que um pai fala cruamente de sua pedofilia para o filho de 10 anos, dizendo-lhe ter sodomizado seu amiguinho. O espectador fica chocado ao se deparar diretamente com a perversão da função paterna. Este pai, em vez de ser aquele que porta a Lei que organiza o desejo e estabelece as repressões necessárias estruturantes do psiquismo, fala para o filho de sua incapacidade de cumpri-la e, consequentemente, de ser seu representante. Inverte-se a relação, ficando o filho colocado no papel de continente da loucura paterna – coisa que está além de sua capacidade de tolerar.

Essa era apenas uma entre várias cenas de um filme onde se expunha com muita minúcia o lado mais escuro e pantanoso da humanidade. É nessa região onde Solondz gosta de exercer sua capacidade criativa, como tinha feito anteriormente em *Welcome to the Dollhouse*, seu primeiro filme, e agora em *Storytelling (Histórias Proibidas)*.

Solondz pertence à familia de criadores que, como Dalton Trevisan, gostam de extrair do lodo fétido da vida o material para suas obras. Eles mostram a mesquinharia, a maldade, a pequenez da humanidade. Se é grande o incômodo desencadeado pela exposição do mal praticado pelos homens, o pior reside no fato de esses autores não oferecerem aquilo que seria o antídoto natural para o veneno que nos aplicam: lembrar que o ser humano também é capaz do amor. Somos todos feitos desta improvável mistura de amor e ódio – forças regidas por motivações inconscientes, distantes da volição e da consciência, o que determina o tom trágico da existência humana. Todos os grandes criadores reconhecem isso, e, a meu ver, uma obra que aponta só para um destes polos fica necessariamente capenga, torta, incompleta.

Solondz é o contrário das novelas água com açúcar, dos "romances para moças", das coleções-cor-de-rosa de antigamente. E é tão parcial quanto elas. Se naquelas são negados o mal, a violência, a agressão, a vontade de poder, a destrutividade, a pulsão de morte, Solondz parece reprimir a capacidade humana de amar, de ligar-se afetivamente, de ter consideração e respeito pelo outro, de reparar os erros, de construir e reconstruir, de apaziguar e curar feridas. Seus filmes são, por isso, uma expressão quase pura de violência e crueldade mentais.

Em *Storytelling* – cujo enredo é dividido em duas histórias, "Ficção" e "Não Ficção" – a violência e crueldade são frutos diretos do narcisismo de quem as provoca. Por estarem centrados inteiramente em si mesmos, os personagens não conseguem ver o outro em sua alteridade. O outro é visto como uma coisa, mero objeto a ser manipulado e usado, sem que se lhe reconheça a autonomia, sem que por ele se tenha respeito ou consideração. Nesse sentido, o filme é muito representativo dos tempos atuais, atingidos pelas patologias narcísicas. A razão da total desconsideração para com o outro está na exigência narcísica de ter o próprio ego inflado, recebendo ininterruptos aportes de prazer e com seus desejos imediatamente realizados, negando-se qualquer possibilidade de frustração. Ser astro da TV, usufruindo da riqueza e da fama, é o paradigma do desejo narcísico em nossas sociedades pós-modernas.

Não por coincidência, esse é um subtema do segundo episódio de *Storytelling*. "Não Ficção" é a história de um rapaz antes considerado pelos colegas de escola como futuro cineasta famoso e que, após vários fracassos, para sobreviver, trabalha numa sapataria. Em mais uma tentativa, planeja um documentário sobre ricos adolescentes que vivem nos *suburbia* americanos. Chama a atenção o nome deste personagem, Tobby, muito próximo do Todd de Solondz...

Sem deixar claro suas intenções, Tobby consegue a anuência de uma rica família judia para realizar seu projeto. Vai documentar em filme seu cotidiano, como pano de fundo do foco central, o filho adolescente Scooby, suposto paradigma da juventude americana.

Solondz mostra a megalomania vazia e inconsistente do patético Scooby, sempre obnubilado numa nuvem de maconha. De quebra, expõe a deterioração total dos valores éticos da família. Ali impera a manipulação, não há respeito mútuo, estão todos

Histórias proibidas   **165**

tentando tirar proveito uns dos outros. Os pais pensam estar usando o pouco convincente documentarista para aparecerem como pais-modelo de um jovem promissor. O adolescente pensa estar dando o primeiro passo para aparecer na TV. Tobby procura usar tudo isso para construir sua reputação, sem se importar com a deslealdade para com aqueles que filma. Sua falta de talento faz com que não se aperceba de alguns dramas da família que se desenrolam praticamente sob seu nariz.

O mesmo não acontece com Solondz, que usa essas "filmagens" para mostrar as relações entre pais e filhos e destes com a empregada doméstica de El Salvador. As relações são invertidas: os pais são controlados pelo filho drogado e posteriormente pelo caçula. São pais narcísicos que usam os filhos para realizarem antigos sonhos de grandeza. A distância intransponível entre os ricos e os pobres, entre o Primeiro Mundo e o Terceiro Mundo reluz na implacável conversa do filho caçula com a doméstica, que terá consequências funestas. Cada um diz sua verdade, fruto de suas formas de ver o mundo, sem que seja possível qualquer entendimento recíproco.

A tragédia, que já se insinuava com a destruição do membro mais saudável e "normal" da família, culmina em tons calamitosos, com alguma tintura política. Tragédia maior ainda talvez sejam a absoluta frieza e indiferença com a qual Scooby recebe a notícia dos acontecimentos, que se evidenciam no comentário que faz para Tobby, quando este vem dar-lhe as condolências.

A primeira história, chamada "Ficção", é cinematograficamente superior à segunda. Mostra uma oficina literária conduzida por um escritor negro, ganhador do prestigiado Prêmio Pulitzer. Esperançosos jovens futuros escritores expõem seus textos que serão criticados pelo grupo e pelo importante escritor. A violência e a crueldade permeiam inteiramente as relações do

166   O psicanalista vai ao cinema

professor com o grupo, assim como as relações entre os alunos. Mal podemos chamar esse relacionamento de sadomasoquista, pois nesse ainda existiria o reconhecimento do outro como tal, possibilitando um jogo de identificações cruzadas. Como já disse, o que vemos aqui é a ausência de relação, é a postura totalmente narcísica, o autocentramento, o outro como mero objeto inanimado a ser usado e descartado.

O título *Storytelling* (que poderíamos traduzir como 'narrativa' ou 'narração') e a subdivisão do filme em dois segmentos chamados "Ficção" e "Não Ficção" apontam para a intenção metalinguística de Solondz, de refletir sobre os problemas relacionados com a narrativa de fatos reais e fictícios, o trânsito entre a realidade e a ficção, a necessidade de estabelecer diferentes procedimentos de avaliação e julgamento destes distintos campos.

É imprescindível reconhecer a diferença existente entre a narrativa de fatos reais – em que o autor relata a violência da qual fora vítima e no qual o rigor fático e o respeito à realidade são fundamentais para caracterizá-lo como documento de denúncia, com implicações jurídicas e penais – e um texto de ficção – em que o personagem relata sua experiência como vítima de uma imaginária violência. Esse texto vai ser julgado não mais como depoimento ou denúncia de fatos reais e sim a partir de referenciais literários, sendo seu mérito avaliado pela aplicação do cânon estético.

A coisa se complica quando esses dois níveis de leitura se superpõem, como espertamente Solondz propõe ao fazer uma jovem escrever sobre sua experiência sexual e relatá-la como texto de ficção. O uso que cada um dos participantes do grupo vai fazer destes dois níveis cria uma impressionante reflexão sobre a crueldade e a possibilidade de negar a realidade, de recortá-la e dissociá-la em função de interesses pessoais.

Histórias proibidas **167**

É possível ser inteiramente verdadeiro e honesto ao criticar um texto como tal, pretendendo ver apenas o jogo dos tropos literários, a forma como o autor lidou com os problemas de expressão, sem levar em conta a experiência vivida pelo autor que deu origem àquele texto? A resposta parece ser positiva, mas não criaria isso um grave problema ético? Esse impasse é semelhante ao exposto na conversa do caçula com a empregada no segundo episódio. Ambos dizem verdades absolutamente irreconciliáveis. Para concluir, é interessante que Solondz tenha chamado o último episódio de "Não Ficção", sendo ele, evidentemente, ficção. Nesta outra volta metalinguistica, Solondz parece apontar para a falácia da veracidade dos documentários, que supostamente registram a realidade tal como ela é, negando o caráter de ficção que neles inevitavelmente se instala a partir da seleção do documentarista, de seus escopos, de suas opiniões, de sua ambição.

Assim, em última instância, se o documentário documenta alguma coisa, essa coisa é, antes de tudo, a visão do documentarista, plasmada por seu desejo, sua ambição e sua vaidade. Essa é a única verdade ou realidade que comporta. O filme traz mais um severo e implacável julgamento de Solondz, esse habitante do lado escuro e pantanoso da humanidade.

Assistimos aos filmes de Solondz como quem vai a um parque de diversões ver horrores e aberrações. Ao sair dali, pegamos um livro de um grande autor, em que o ser humano é retratado de forma menos distorcida.

Isso não lhe tira o mérito. Jovem e com apenas três filmes, conseguiu firmar-se como um dos criadores mais originais do atual cinema americano. Provavelmente no futuro alcançará um maior equilíbrio em sua criação.

Cidade de Deus – A exclusão e o processo civilizatório

Cidade de Deus, o festejado filme de Fernando Meireles (2002), é baseado no livro homônimo de Paulo Lins. A matéria-prima do romance veio de uma pesquisa sobre criminalidade na favela carioca Cidade de Deus, da qual participou o autor. A partir de personagens reais e fatos ali ocorridos, Lins construiu seu enredo, situado nos anos 70 e 80, mostrando como o tráfico de drogas se iniciou timidamente, apenas mais uma entre várias práticas marginais entre assaltos e roubos, até se instalar como atividade principal das gangues. Vemos ali, *in statu nascendi*, a força e o poder econômico que essas novas quadrilhas atingiram, a ponto de serem hoje um poder paralelo, que desafia o Estado, impondo suas próprias exigências.

Tanto o romance como o filme – que focalizam a extraordinária violência da fração marginal – não estão preocupados em fazer um relato documental sobre a favela como um todo. Em sua rica complexidade social, a favela entremescla trabalhadores honestos e bandidos em áreas bem delimitadas e discriminadas, segundo o próprio autor. Ele mesmo é uma evidência disso, pois sempre morou na Cidade de Deus com seus pais, numa família bem constituída, estudou regularmente e entrou numa universidade. Antes do romance que foi filmado, Lins escrevera livros de poesia.

É necessário fazer essas afirmações para evitar estereótipos que confundem favelados com marginais. Embora ambos convivam em situações muitas vezes sub-humanas, miseráveis e de exclusão, nem todos reagem da mesma forma a essa privação. O que faz com que, frente à miséria e suas condições degradantes, alguns optem, se é que podemos falar assim, pelo crime e outros não, é uma das questões que ventilaremos aqui, sem pretender esgotá-la.

Cidade de Deus tem como núcleo central o fenômeno da violência e da criminalidade. Se este fenômeno pode ser estudado via depoimentos e estudos sociológicos, a abordagem ficcional não é menos rica, pois a percepção fina e acurada do artista, ao recortar a realidade para montar sua obra, produz intensos e valiosos efeitos de verdade.

Vamos então seguir o enfoque do autor. Embora o filme conte várias histórias diferentes, o núcleo narrativo mais duro está centrado em três adolescentes e seus irmãos menores, entre eles o narrador Buscapé (que centraliza e unifica os diversos episódios contados em *flashback*) e a dupla Bené e Dadinho, que terão grande destaque no desenvolver da trama.

Uma coisa que o autor deixa logo patente é a quase total ausência de adultos. É como se naquele mundo ali retratado não existissem pais ou famílias. A cena é inteiramente dominada por adolescentes e crianças.

Na primeira fase, o autor mostra a marginalidade num momento pré-tráfico de drogas, quando os adolescentes executam pequenos golpes e assaltos. Não planejam matar ninguém em suas incursões. Se isso ocorre, deve-se mais a um imprevisto inoportuno do que a uma ação planejada. Esse episódio se encerra com a morte trágica dos três personagens. Na década seguinte, o narcotráfico já está francamente instalado. O que liga esse dois tempos é o personagem Dadinho.

Ainda muito pequeno, Dadinho teimava em participar das incursões dos três amigos. Já então, ele se diferençava pela intensidade assustadora de sua violência e agressividade. Quando adolescente, Dadinho vai a um pai de santo que o rebatiza com o nome de Zé Pequeno, prometendo-lhe imunidade contra os inimigos, caso usasse um determinado amuleto. A partir daí, Zé Pequeno se transforma num chefão da droga. Instaura um reino de terror, apenas mediado pelo amigo Bené, que muitas vezes o contém no extravasar da mais pura violência.

Em determinado momento, Bené se apaixona. Planeja abandonar o crime e viver em outro lugar com sua amada. Faz uma festa de despedida, onde é acidentalmente morto. Essa perda radicaliza a violência de Zé Pequeno até os estertores finais.

Analiticamente, podemos aprender algumas coisas apresentadas pelo autor. Em primeiro lugar, parece ele apontar para o abandono das crianças – a ausência de pais, adultos, famílias – como uma das maiores causas da violência e criminalidade.

Isso estaria muito próximo da compreensão analítica. Sabemos que para a psicanálise, o ser humano nasce em desamparo e se constitui no contato com o outro. É necessário que sejam exercidas as funções materna e paterna para que o *infans* se constitua como sujeito desejante. A "função materna" (que não necessita ser executada pela mãe biológica) corresponde não só aos cuidados com a vida orgânica do bebê, à satisfação de suas necessidades fisiológicas, mas também ao fundamental envolvimento fusional afetivo da díade mãe-bebê, que permite a introdução do bebê no mundo simbólico cultural, através da linguagem. A "função paterna" (tal como dito acima, não necessita ser executado pelo pai biológico) é aquela que vem regular essa relação fusional, pemitindo que a mãe e o bebê se separem e se reconheçam como subjeitos discriminados. Posteriormente, esse pai estabelece a Lei, a interdição do desejo, dando à criança acesso ao mundo externo e à realidade. Estamos resumindo os momentos importantes do Complexo de Édipo, pois essas relações básicas primeiras vão estabelecer as identificações constitutivas do próprio psiquismo do novo ser humano, organizando as interdições necessárias à vida em sociedade.

A agressão desimpedida e a libido também sem restrições tornariam a vida em sociedade inviável. A civilização, diz Freud, repousa necessariamente na repressão dessas duas grandes forças pulsionais, daí seu permanente e estrutural "mal-estar". Essa repressão que permite o convívio social se organiza singularmente através das já mencionadas funções paterna e materna, que são internalizadas.

Isso tudo é importante lembrar, pois na medida em que no filme vemos crianças totalmente abandonadas na rua, podemos concluir que esse abandono produz uma definitiva falha estrutural psíquica, onde a regulação da agressividade – uma dotação comum a todos – fica prejudicada.

O filme dá algumas confirmações dessa hipótese. Não é gratuito que Buscapé, de todos os personagens, o único que escapa do inferno ali descrito, advém de uma família constituída, onde

172   O psicanalista vai ao cinema

aparecem pai e mãe, exercendo suas funções estruturantes. Muito embora seu irmão adolescente tenha sido assassinado na primeira parte da história, ele pretendia abandonar o crime em que jogara papel importante a figura paterna.

Os demais personagens parecem organizar suas identificações com os chefes de gangue, que lhes transmitem uma versão perversa da lei, baseada não na interdição e sim na exaltação da onipotência narcísica.

É necessário aqui fazer uma digressão sobre o que analiticamente se chama "lei".

Devemos lembrar que mesmo os animais têm padrões de convivência para a vida em comunidade e que podem ser complexos, como nas sociedades altamente organizadas das abelhas e formigas, com suas hierarquias e funções muito bem delimitadas. Mas estes comportamentos são regidos por instintos inatos e imutáveis e não por leis, desde que essas são produto do mundo simbólico exclusivo do homem.

A sociedade humana, como lembra Freud em *Totem e tabu*, teria passado por uma etapa na qual predominava a lei do mais forte, o pai todo-poderoso que dominava todas as fêmeas e expulsava os demais machos, como se vê ainda hoje em muitas agrupamentos animais. Não é o momento de relembrar todo o desdobramento do processo. Basta dizer que, assassinado o pai, a lei é internalizada, dando origem ao superego e possibilitando o estabelecimento de normas e proibições sociais que viabilizam a vida em comum. Não poderei abordar os complexos desenvolvimentos da lei na cultura e nas organizações, como o Estado.

Para Freud, a lei e o processo civilizatório dela decorrente passam necessariamente pelo Complexo de Édipo, pois, por meio dele, ficam estabelecidos os processos repressivos que controlam as pulsões agressivas e sexuais, viabilizando a convivência pacífica. Além disso, a partir do Complexo de Édipo, o sujeito abandona a prevalência do processo primário e a posição onipotente narcísica, condições que o afastam da realidade, e estabiliza o processo secundário, as relações objetais e o contato realístico com as condições internas e externas. A lei implica o abandono do narcisismo onipotente e o reconhecimento da castração simbólica, da incompletude que nos faz desejantes, pré-requisitos para o acesso à realidade.

Implicaria essa postulação uma convicção politicamente conservadora? A submissão à lei implica numa obediência às normas do Estado, que podem muitas vezes ser perversas, como nos Estados corruptos ou totalitários?

Claro que não. A "lei" dá ao sujeito uma visão mais objetiva da realidade, permitindo-lhe, consequentemente, uma visão crítica da lei emanada pelo Estado, possibilitando-lhe uma ação política adequada. A não existência desta "lei", pelo contrário, faz o sujeito permanecer em sua onipotência narcísica, presa de suas fantasias infantis que toldam a visão clara da realidade externa, ficando o sujeito com dificuldades de nela agir operacionalmente.

É importante não confundir "processo civilizatório" com a imposição de modelos culturais desta ou daquela região sócio--econômico-geográfica. Não se trata de contrapor modelos eurocêntricos a modelos islâmicos ou confundir o processo civilizatório com as imposições de produtos culturais de uma economia mais desenvolvida sobre outra menos desenvolvida. Muito menos é ele o valorizar modelos étnicos em detrimento de outros, o que levaria a desvios ideológicos cujas consequências trágicas em termos de racismo e preconceitos todos nós temos ciência.

Voltando à *Cidade de Deus*, com suas crianças abandonadas, entregues à violência mais desenfreada, vemos que não houve o estabelecimento da "lei". Entregues a si mesmas, as crianças não sofreram a castração simbólica própria do Complexo de Édipo, não reprimem a agressividade ou a sexualidade, permanecem onipotentes. Nisso o filme lembra muito o clássico *Lord of the flies*, de Golding. Em ambas as situações, vai viger a "lei do mais forte", aquela decorrente da onipotência narcísica de um chefete, que a impõe pela violência, em defesa de seus próprios interesses. As crianças têm esses chefetes como modelos de identificação, com resultados catastróficos. É quase como se a eles ficasse vedado o acesso à realidade, desde que a encaram a partir de enfoques narcísicos e onipotentes.

Acima falamos de como alguns, frente a uma situação de miséria e privações, "optam" pelo crime, enquanto outros não. Talvez uma resposta para isso seja exatamente uma boa construção edipiana.

Ao denunciar o abandono das crianças e suas consequências, *Cidade de Deus* levanta uma questão de suma importância. Como vimos acima, o sujeito humano se constitui no contato com o outro, operacionalizado pelas ditas "função materna" e "paterna".

Claro está que o exercício destas funções vai sofrer várias vicissitudes, sendo talvez a maior delas a forma como os pais vivenciaram e internalizaram essas funções ao serem delas objeto, ou seja, quando eram bebês e receberam os cuidados de seus paternais. Dizendo de outra maneira, a forma como os pais vão exercer essas funções não depende de uma deliberação voluntária e consciente, pois elas estão fortemente ligadas a complexos inconscientes, estabelecidos durante suas infâncias.

Isso quer dizer que o exercício dessas funções depende primordialmente da estrutura interna dos pais e secundariamente de situações externas. Quer dizer ainda que pais que gozam de excelente situação financeira podem abandonar seus filhos, caso não tenham condição de exercer suas funções estruturantes, por impedimentos inconscientes estabelecidos em sua própria história pessoal. Por outro lado, pais com parcos recursos podem se desincumbir muito bem no exercício destas funções.

O abandono das crianças e suas graves consequências, por decorrer basicamente do inconsciente dos pais, *ocorre em qualquer classe social*. Mas há uma diferença importante que é necessário sublinhar. *Nos excluídos, os pais podem se ver impedidos de exercer suas funções pela situação externa adversa, não por comprometimento interno.*

É isso que o filme denuncia. Há situações em que os pais se veem impossibilitados de exercer suas funções estruturantes – não por impedimentos inconscientes internos e sim pela violência da situação externa, como a miséria, que os priva da possibilidade de dar aos filhos aqueles cuidados que sabemos ser indispensáveis.

Cidade de Deus nos faz pensar que a exclusão social e econômica pode ter efeitos mais graves do que costumamos admitir. Mostra como uma larga parcela da população vive privada de condições dignas para a sobrevivência e como essa situação prejudica o próprio processo de constituição do sujeito humano, dado que as funções paternais estão impossibilitadas de ser exercidas na justa medida, deles restando substitutos e derivados precários e insuficientes.

Em *Cidade de Deus* há uma quase ausência de adultos. Eles só são mostrados nos momentos de formação da favela. Chegam em massa, com suas malas e apetrechos – o refugo de uma sociedade injusta despejado numa zona erma, distante, isolada do mundo.

Seria a condição feminina o tema central de *As horas*?

ou aqui ninguém tem medo de Virgina Woolf. Pelo contrário. Algumas ideias sobre o filme *As Horas*, de Stephen Baldry (2002) e o livro homônimo de Michael Cunningham

O filme *As Horas*, de Stephen Baldry, mostra como a adaptação de uma obra literária para o cinema pode ser uma verdadeira transcriação, refazendo-a numa linguagem diferente daquela originalmente usada.

Significativa parcela dos que escreveram sobre o livro e/ou filme, os viram como um libelo da questão feminina/feminista, mostrando aspectos da condição da mulher, seus impasses, suas patologias. Até mesmo a depressão que ali aparece é vista por alguns como uma característica "feminina"...

Pretendo discutir esse ponto de vista. Mas, antes de abordá-lo, farei algumas digressões. Para tanto, me basearei mais diretamente no livro, pois é difícil falar do filme em si – como tal, uma obra--prima – sem que se imponha a referência à obra de Cunningham e esta leva imediatamente a "Mrs. Dalloway", de Virginia Woolf.

Vamos encontrar em *As Horas*, mediados pelo narrador onisciente, as mesmas elucubrações dos personagens, seus monólogos interiores, suas complexas 'streams of consciousness', introspecção especulativa característica de "Mrs. Dalloway", recurso narrativo incorporados no estilo literário de Virginia Woolf através de suas leituras de Freud, já que ele se aproxima das associações livres descritas pela psicanálise.

Essas características ou recursos literários usados por Virginia Woolf em "Mrs. Dalloway" (1925) remetem, por sua vez, ao "Ulisses" (1922), de Joyce.

As aproximações entre os dois livros são inegáveis. "Ulisses" e "Mrs. Dalloway" mostram um dia na vida do personagem central. Se em "Ulisses" acompanhamos o caos anárquico e plebeu instalado na mente de Bloom, enquanto perambula pelas ruas de Dublin, em "Mrs. Dalloway" o mesmo se dá na cabeça de uma mulher instalada no alto da pirâmide social de um mundo rigidamente hierarquizado. Mas o funcionamento psíquico de Bloom e de Clarissa Dalloway é o mesmo; semelhante é o ruminar incessante de seus pensamentos, seu desdobrar lento e minucioso que tenta esforçadamente dar conta das perplexidades e da angústia de viver.

Talvez por causa dessa proximidade, Virginia Woolf tenta desmerecer "Ulisses", como registrou em seu diário, numa anotação de 1922 – "An illiterate, underbred book it seems to me: the book of a self-taught working man, & we all know how distressing they are, how egotistic, insistent, raw, striking, & ultimately nauseating" ("um livro ignorante e mal-educado é o que este me parece: o livro de um trabalhador autodidata, e todos sabemos quão desagradáveis eles são, quão egoístas, insistentes, grossos e chocantes e definitivamente repugnantes").

Se há proximidades entre os recursos narrativos empregados nos dois livros, não se pode negar que o experimentalismo de Joyce é muito mais radical, caminhando para a desarticulação da própria linguagem. Isso o deixa como um marco na história literária, mas distante dos leitores. Neste sentido, Virginia Woolf acertou mais a mão. Seus livros são mais fáceis de gostar, não são desafios difíceis como *Finnegans Wake*.

As Horas, de Cunningham, por sua vez, é um livro que homenageia Virginia Woolf ao parafrasear "Mrs. Dalloway". Mas não seria justo dizer que ele faz um pastiche de Virginia Woolf, que imita seus cacoetes.

O autor de pastiche copia e distorce, mas não tem a mesma envergadura literária do autor que o motiva. Falta-lhe a misteriosa mistura de inteligência, sensibilidade, criatividade, amor à vida e intimidade com a morte que é própria dos grandes escritores. E Cunningham mostra em *As Horas* que é um grande escritor. Ele comunga inteiramente com as percepções, intuições, sensibilidades e idiossincrasias de Virginia Woolf. Assim, *As Horas* seria um metapastiche, uma homenagem de um para outro grande escritor.

Sentimos em *As Horas* aquela mesma aguda forma de apreender a experiência humana, tão fina e delicada que beira o doentio, o insuportável. Vemos em Cunningham, como em Virginia Woolf, uma percepção da riqueza extraordinária da vida e de seu caráter trágico, bem como a captação exacerbada da passagem do tempo.

São percepções que a maioria embota para conseguir viver melhor, para não entrar em desespero com os sonhos jamais realizados, com o corpo que entra em declínio, com a lembrança dos que foram arrebatados pela morte, com o conhecimento da própria finitude. À essas percepções se acrescentam aquelas advindas do prazer de estar vivo e usufruindo o momento presente, a alegria de poder constatar a beleza e o horror das coisas, sentir a força do amor e do ódio que permeia tudo em volta.

Ao dizer "por delicadeza, perdi minha vida", não estaria Rimbaud se referindo a este tipo de impasse? Talvez para não "perder a vida", tenhamos de sufocar essa sensibilidade intensa que nos dispersa e fragmenta a atenção numa miríade de vivências que quase impossibilita a atuação concreta, o agir focado nas tarefas práticas e imediatas exigidas pela realidade. Mas, em assim fazendo, não corremos o mesmo risco de "perder a vida", pois estaríamos eliminando algo central, fazendo com que nosso espírito feneça com as mesquinharias do dia a dia?

Esses aspectos da peculiar relação de Cunningham com Virginia Woolf concretizada em *As Horas* têm um paralelo. É o livro *Charlotte em Weimar*, onde Thomas Mann faz sua homenagem a Goethe.

Este livro extraordinário trata da viagem que Charlotte Kestner fez para visitar Goethe, então no auge de seu poder e glória, ocupando o cargo de administrador do ducado de Weimar. Quarenta anos antes, ela fora a inspiradora da heroína de *Os sofrimentos de Werther*, um dos livros mais populares de Goethe. Isso lhe trouxera uma incômoda e indesejada notoriedade que a acompanhou por toda a existência, ferindo profundamente sua vida privada. Agora que está velha, quer um acerto de contas com Goethe. Sente que fora usada e quer uma satisfação pelo peso que ele a fez carregar contra sua própria vontade.

Com este mote, Mann vai mostrar os impasses do convívio do gênio criador com seus próximos e contemporâneos. É uma convivência sofrida por evidenciar uma distância intransponível com a qual ambas as partes têm de se haver. Por um lado, a solidão do gênio criador, pois, independente de sua vontade, sua largueza intelectual, psíquica, sensitiva, o afasta do comum dos mortais. Já nestes, aparece o ressentimento, a inveja, a noção dos próprios limites, a constatação das desigualdades injustas que o acaso produz.

Somente um gênio como Mann poderia escrever colocando-se na pele de Goethe. Isso fica patente no capítulo onde descreve, na primeira pessoa, o despertar de Goethe, em cujo devaneio se sucedem o filho, as mulheres, as amantes, os áulicos, a arte, a literatura, a ciência. Porque fora ele escolhido pelo destino e aquinhoado com tanto? Danação e exaltação, mas sempre solidão. Como estar próximo delas sem diminuí-las, como esconder o abismo que entre eles existe e sempre existirá, enquanto for vivo?

A similitude da relação Mann-Goethe e Cunningham-Woolf tem uma outra aproximação, pois um dos temas de *As Horas* é a criação artística, a inefável alquimia que pega o efêmero e transitório e lhe dá consistência e permanência, que apara as formas brutas e ásperas da realidade e as coloca num modelo ideal, que viverá para sempre. Essa auto-observação no ato de criar é comum a Virginia Woolf, Mann e Cunningham. Não satisfeitos em produzir arte, especulam sobre os mecanismos de seu ofício. Tentam entender como o praticam, já que este dom lhes é tão natural quanto o respirar. Entenda-se bem, o que é natural é o desejo e a capacidade de criar, mas, exposta à luz do dia a criação, resta ainda o longo trabalho de burilá-la, aperfeiçoá-la, dar-lhe a forma almejada. E nisso vai muito trabalho disciplinado.

Centrando-nos agora em *As Horas*, suscita admiração a habilidade narrativa de Cunningham ao criar um rendilhado delicado e cheio de nuances, uma construção enevoada e evanescente, que, não obstante, é sustentada por um inflexível fio condutor.

Cunningham estrutura sua obra tecendo fios narrativos em torno de três mulheres – Mrs. Vaughn, Mrs. Brown e Mrs. Woolf. A primeira é Clarissa, a mulher dos dias de hoje, nova-iorquina, editora, que organiza uma festa para Richard, seu amigo poeta aidético, que acaba de ganhar um importante prêmio literário. Tempos atrás, quando jovem, disputara o amor de Richard com Louis e perdera. A segunda é uma mulher de Los Angeles, vivendo em 1949, tentando fazer um bolo para comemorar o aniversário do marido. Ela se refugia na leitura de "Mrs. Dalloway", procurando escapar da infelicidade de um casamento de aparência. A terceira é a própria Virginia Woolf, que – em 1923 – se prepara para receber, em Richmond, a visita londrina de sua irmã Vanessa e seus filhos. Está, naquele momento, gestando as ideias de "Mrs. Dalloway", aquele personagem que organiza uma grande festa, ocasião em que faz um balanço de sua vida, percebendo-a, mais uma vez, como um andar na corda bamba sobre o abismo hiante da morte. É um forte hino de amor à vida, exatamente por entendê-la como uma batalha ganha minuto a minuto contra a morte, sempre tão presente e próxima.

O que une essas três mulheres?

As três mulheres organizam festas para seus entes queridos. As três mulheres apresentam uma ambígua sexualidade. Clarissa, rejeitada pelo poeta, estabelece uma relação homossexual; Mrs. Brown, em meio a seu tumulto interno, é tomada pelo desejo por uma vizinha; Virginia Woolf, ao elaborar seu livro, imagina uma personagem que teve um grande amor lésbico irrealizado, além de se mostrar incestuosamente ligada a sua irmã Vanessa, com quem compartilhou os abusos sexuais cometidos, na infância, pelo meio-irmão muito mais velho.

As três mulheres expressam a condição feminina. O fazer um bolo (Mrs. Brown), o planejar uma festa (Clarissa e Mrs. Dalloway), a administração dos serviçais (Virginia Woolf) são atividades nas quais as mulheres tentam expressar suas criatividades e capacidades, escorraçadas que são das atividades "importantes" num mundo regido pelos homens.

Até então, pensamos que Cunningham está contrapondo a vida de três mulheres em épocas diferentes apenas para ressaltar a persistência de alguns aspectos da condição feminina que transcendem tempo e lugar, estando elas sempre em difícil luta para se afirmarem num mundo regido pela lógica fálica.

Mas algo acontece que muda nossa perspectiva. A habilidade narrativa de Cunningham faz com que um importante dado fique escamoteado até quase o desfecho da trama. Na edição original, seu livro tem 23 capítulos e 228 páginas e só no 19° capítulo, na página 203, que vamos saber o que antes passara despercebido. Richie, o sensível filho que presencia as dificuldades emocionais de Mrs. Brown, é Richard, o poeta aidético.

Com isso, Cunningham ilustra o conceito freudiano de *Nachtraglichkeit*, o *après-coup*, a posteridade. A informação de que Richie é Richard ressignifica a narrativa, que passa a ter uma outra dimensão, pode ser lida de outra forma. Fica então claro que o tema principal de Cunningham não é a vida das três mulheres e sim Richard, o poeta aidético, personagem que se manteve à sombra destas mulheres e do próprio fluxo narrativo. Richard é o fulcro onde repousa toda a construção narrativa. É ele quem une os três fios narrativos que se interpenetram harmoniosamente contando as histórias das três mulheres.

Refazendo cronologicamente a história, vemos as desventuras traumáticas do menino Richie, cristalizadas num momento privilegiado – um antigo aniversário do pai. Presencia, impotente e angustiado, o desespero dissociado e despersonalizado da mãe, o vazio da relação entre os pais, a incapacidade de estabelecerem uma comunicação afetiva verdadeira, presos que estão numa relação estéril e psicotizante. Richie vê a mãe fugindo da realidade através da leitura compulsiva de Virginia Woolf e intui, quando o deixa com uma vizinha, que ela planeja se matar. Muitos anos depois, encontramos os efeitos daquela vivência traumática na forma como Richie chegou à idade adulta. Ele agora é Richard, o poeta homossexual gravemente enfermo que acaba de ganhar um grande prêmio e que receberá uma festa organizada por uma amiga. Sua homossexualidade poderia ser rastreada na estrutura familiar, tal como vislumbramos no episódio da infância. Seu pai, apesar de ser um herói de guerra, não pôde cortar a relação simbiótica entre o filho e a mulher e não forneceu modelos de identificação masculina para o filho. Já a mãe, tomada pela instabilidade, ora seduz, ora abandona Richie, fugindo para a leitura compulsiva. A identificação de Richard com a mãe pode ser detectada em vários momentos. A começar pela homossexualidade, aqui entendida como decorrente da não castração simbólica que, por sua vez, leva à identificação com o objeto de amor do qual não foi possível se afastar, modalidade descrita por Freud em seu estudo sobre Leonardo. Isso faz com que Richard não possa concretizar seu amor por Clarissa, preterindo-a por Louis, uma relação vivida como menos traumática. A identificação com a mãe vai aparecer ainda no interesse pela literatura e por Virginia Woolf. Para o pequeno Richie, se a mãe admira Virginia Woolf e prefere sua leitura à sua presença, se ela é um outro objeto de desejo da mãe, ele será um escritor, disputando com Virginia Woolf a atenção absoluta da mãe. Finalmente, a identificação com a mãe aparecerá no próprio gesto suicida.

Os traumas derivados da relação ambivalente com a mãe, marcada pela simbiose narcísica e a rejeição mais fria, darão origem, via sublimação, à obra poética de Richard. Sua produção literária é assombrada pela Mãe, vista ora como Deusa magnífica e poderosa que o protege, ora como Bruxa que o aterroriza e abandona.

Ao receber o prêmio literário, Richard refaz o trajeto de sua vida e termina por cometer suicídio – gesto final que condensa tanto a identificação fusional com a mãe como a tentativa desesperada de dela se separar.

Apesar de aparentemente estar falando da condição da mulher em três épocas diferentes, o filme de Bauldry está centrado nas vicissitudes da mente criadora de um artista homossexual. Dizendo de outra forma, o tema central é a criação literária, vista aqui como fruto da sublimação de traumas infantis. Richard sofreu na infância com as dificuldades psíquicas dos pais e essa experiência marca de forma definitiva sua forma de ser e sua sexualidade, além de servir como matéria-prima de sua obra.

Como as personagens femininas de *As Horas* são homossexuais ou bissexuais, é difícil dizer que elas sejam representativas da maioria do universo feminino. Mesmo assim, *As Horas* aponta para a crise sociocultural que vivemos, na qual vacilam as identidades de gênero e os papéis convencionais de homem e mulher não têm mais a habitual estabilidade. Vivemos no crepúsculo de uma injusta sociedade patriarcal. No momento, os velhos padrões perderam a antiga força e os novos ainda não estão bem definidos. O resultado é uma infeliz e triste confusão de papéis, e as saídas encontradas geram evidente desconforto, como bem mostra o filme.

Ao contrário da versão do gênio proposta por Mann, que o mostra como aquele que fere os circunstantes com sua grandeza, para Cunnigham o artista é alguém machucado, segregando de suas chagas uma preciosa seiva, sua obra. Essa visão se aproxima da de Michaux, que numa de suas "viagens imaginárias", descreve como um povo, que ele chama de Os Hacs, cria seus artistas: "Os

Hacs planejaram criar anualmente algumas crianças mártires, que submetem a um tratamento duro e injustiças flagrantes, inventando para tudo razões e complicações ilusórias, baseadas em mentiras, numa atmosfera de terror e mistério. Encarregados deste trabalho estão alguns homens empedernidos, verdadeiros brutos, dirigidos por supervisores astutos e cruéis. Desta forma, eles criaram grandes artistas, grandes poetas, mas também, infelizmente, assassinos e principalmente reformadores – intransigentes incríveis".

As Horas é um denso entretecido de Eros e Tânatos, representando simultaneamente o anseio pela morte e exaltação da vida. Sabendo-se da morte sempre à espreita, organizam-se festas de celebração da vida. Cunningham inicia o livro com o suicídio de Virginia Woolf, em 1941, e esse acontecimento ecoará em toda a trama. Ressoa em Mrs. Brown, com seus períodos de despersonalização e permanente namoro com a ideia de se matar, desejo captado pelo filho que a observa com grande paixão. É esse mesmo filho que, anos mais tarde, termina por realizar as fantasias de suicídio que ela carregava, não antes de escrever uma novela onde um personagem, inspirado em sua mãe, comete suicídio.

Em *As Horas* podemos, mais uma vez, ver a arte como sublimação das experiências e vivências traumáticas. Cunningham ilustra bem isso ao mostrar como os conflitos do autor estão presentes na obra que realizam. Virginia Woolf, ao criar "Mrs. Dalloway", sabe que – no livro – alguém vai morrer, alguém vai se matar, se não a própria personagem central, alguém, um "poeta louco"; em seu livro, a personagem terá grande habilidade para lidar com as empregadas, já que ela mesma, Virginia, se apavora de ter de dar ordens às suas. E, claro, o próprio Richard, o grande poeta, que tem sua produção inteiramente centrada na Mãe.

Mrs. Brown mostra como a literatura é uma via de expressão e contenção daquelas pulsões mais profundas e inarticuladas que controlam o suceder psíquico inconsciente. Sentindo seu psiquismo fragmentado, em permanente estranhamento, fingindo sem parar uma integração impossível, Mrs. Brown busca alívio na literatura, nos grandes autores. Estaria fugindo da realidade através da leitura, do mundo da fantasia? Estaria procurando ali um eixo que sabe não possuir? A despersonalização de Mrs. Brown é a mesma descrita em Virginia Woolf, que inveja os serviçais e outros circunstantes por constatar que eles sabem manter a constância de seus próprios egos, por não precisarem fingir que são eles mesmos.

Para concluir, cito três momentos específicos do filme de Baldry, para fazer-lhe um pouco de justiça, desde que até agora estive mais apoiado no livro. As duas primeiras são cenas excepcionais, mais bem realizadas no filme do que no livro.

Uma delas é a cena de suicídio de Richard. Ao matar-se na presença de Clarissa, a amiga que planeja a festa em sua homenagem, o gesto de Richard poderia ser visto como uma imensa agressão. Mas não é assim. Vivera até aquele momento por Clarissa, mas agora pede licença para partir. Como tinha ela partilhado de sua vida tão intensamente, o matar-se em sua presença é um desdobramento lógico disso, mais um ato de amor.

A outra cena se beneficia dos altos recursos da grande atriz Meryl Streep, que interpreta Clarissa, a mulher de Nova Iorque. É quando, no final, conversa com Mrs. Brown e ouve sua confissão. Sua face deixa transparecer uma complexa postura que, em termos ideais, deveria ser a de qualquer analista. Uma capacidade de acolher o relato das vivências humanas e do sofrimento delas decorrente, sem julgá-las ou condená-las, mas também sem condescender ou negar todas as suas implicações e consequências, por piores que sejam.

A terceira tem outra conotação. Trata-se da cena onde Virginia Woolf discute na estação de trem com o marido Leonard, impondo sua decisão de voltar a Londres, com o que Leonard termina por concordar, chorando. Ouvi comentários sobre essa cena, considerando-a como uma evidência da "impossibilidade" do homem entender o "desejo da mulher", o "mistério" do "desejo feminino". Pergunto-me se o impacto dessa cena viria mesmo do confronto com o "feminino inacessível ao homem" ou se, meramente, não derivaria de uma vingança fálica das mulheres, que veem aí – finalmente – uma mulher impondo uma decisão a um homem, quando o muito mais comum é vermos, no cinema, um homem impondo uma decisão a uma mulher que, debulhada em lágrimas, a ele se submete.

Impresso por:

Gráfica e editora

Tel: (11) 2769-9056